Fuller · Taylor

Therapie-Tools
Motivierende Gesprächsführung

Catherine Fuller · Phil Taylor

Therapie-Tools
Motivierende Gesprächsführung

Mit E-Book inside und Arbeitsmaterial

2. Auflage

Anschrift der Autoren:

Catherine Fuller
Phil Taylor
Verlagsgruppe Beltz
Werderstraße 10
69469 Weinheim

Das Original des Buches ist unter dem Titel »A Toolkit of Motivational Skills. Encouraging and Supporting Change in Individuals (Second Edition)« bei John Wiley & Sons Ltd. Erschienen.

2., neu ausgestattete Auflage 2015
1. Auflage 2012

© Beltz Verlag, Weinheim, Basel 2015
Programm PVU Psychologie Verlags Union
http://www.beltz.de

Lektorat: Andrea Schrameyer
Herstellung: Sonja Frank
Übersetzung: Raymond Hinrichs, Birgit Stolzenberg
Gestaltungs- und Iconkonzept: David Wolpert, Julian Zimmermann, Mannheim
Umschlaggestaltung: Lina Marie Oberdorfer
Satz: Satzkiste GmbH, Stuttgart
Druck und Bindung: Beltz Bad Langensalza GmbH, Bad Langensalza

Printed in Germany

ISBN 978-3-621-28250-5

Inhaltsübersicht

Inhalt

KAPITEL 1 /

Was ist ein motivierender Gesprächsansatz?
Theoretischer Ursprung, Grundprinzip, Techniken

»Es ist die Methode und nicht der Inhalt, die die Botschaft ausmacht … das, was man herausholt, nicht, was man hineinbefördert.«

Ashley Montagu

Einführung

▶ Wie kann man jemandem helfen, der ein schädigendes Verhaltensmuster nicht ändern will?
▶ Wie kann man jemandem helfen, der sich ändern möchte, sich aber dazu nicht in der Lage fühlt?
▶ Wie kann man jemandem, der eine Veränderung begonnen hat, dabei helfen, sie fortzuführen?

Dies sind Fragen, die Menschen, die andere bei Veränderungen unterstützen, sich jeden Tag stellen. Es war die mehr als 20 Jahre währende Auseinandersetzung mit diesen Fragen in der Strafjustiz und den Bildungseinrichtungen, die die Autoren inspiriert hat, jene Elemente der Kommunikation zu identifizieren, die wirksam sind, um jemanden sagen, glauben und danach handeln zu lassen: »Ich will, kann und werde mich ändern.«

Unsere Erfahrung ist, dass ein auf Konfrontation ausgerichteter Ansatz etwa in der Bewährungshilfe immer noch häufig anzutreffen ist, dieser aber nur selten dabei geholfen hat, langfristige Veränderungen bei Menschen hervorzurufen. Je öfter den Menschen gesagt wird, dass sie Vereinbarungen einhalten sollen, je öfter sie gewarnt werden, dass sie z. B. ins Gefängnis kommen werden, je öfter sie angewiesen werden, sich Arbeit zu suchen und ihre grundlegenden Fähigkeiten zu entwickeln, desto öfter leisten sie auch Widerstand, geben sich herausfordernd und bleiben weiterhin bei ihrem dysfunktionalen Verhalten. Eine Veränderung tritt viel eher dort auf, wo Beziehungen aufgebaut werden, wo es ein echtes Bemühen um Verständnis gibt und ein Schwerpunkt auf Selbstbestimmung und die Entwicklung von intrinsischer Motivation gelegt wird.

Intrinsische Motivation ist keine Sache, die man jemandem geben kann: sie muss in jedem einzelnen Menschen wachsen. Was man aber tun kann, ist die »Saat, aus der intrinsische Motivation wachsen kann, zu pflanzen und die Umwelt zu nähren«. Dieser Band der Therapie-Tools-Reihe untersucht, wie die Art und Weise Ihrer Kommunikation ein günstiges Umfeld für den Aufbau von intrinsischer Motivation bei anderen schaffen kann. Das Konzept und die Prinzipien der Motivierenden Gesprächsführung werden erforscht, gefolgt von einem Überblick über die wichtigsten Fertigkeiten und wie diese in den verschiedenen Phasen der Veränderung eingesetzt werden können. Schritt-für-Schritt-Übungen werden zur Verfügung gestellt, um Ihre eigenen Fähigkeiten weiterzuentwickeln, sodass Sie diese bei Ihren Klienten anwenden und sie dabei unterstützen können, sich zu verändern.

Ohne intrinsische Motivation gibt es auf Seiten des Klienten im besten Fall Zögern und Fügsamkeit, im schlimmsten Fall Widerstand und Abwehrreaktionen. Sobald aber intrinsische Motivation vorhanden ist, können viele Dinge erreicht werden, die zuvor unmöglich erschienen sind. Die Entwicklung von intrinsischer Motivation ist in einer großen Anzahl von Situationen von Vorteil. Das vorliegende Buch wurde in erster Linie für Menschen geschrieben, die in den Bereichen der Psychotherapie, des Gesundheits- und Sozialwesens, der Strafjustiz und der Jugendhilfe an vorderster Front stehen. Es kann aber ebenso nützlich sein für Eltern, Lehrer, Personalentwickler, Berater, Trainer und Manager, also für jeden, der jemand anderem dabei hilft, sich zu ändern.

Die Autoren möchten sich mit diesem Buch an eine breite Zielgruppe wenden und haben daher die übergreifenden Bezeichnungen »facilitator« für Psychotherapeuten, Berater, Trainer, Sozialarbeiter, Bewährungshelfer und andere in helfenden Berufen Tätige sowie »service user« für die Klienten, Patienten, Coachees u. ä. gewählt. Im Einklang der Reihe »Therapie-Tools« haben wir uns in der deutschen Übersetzung dafür entschieden, die Begriffe »Therapeut« bzw. »Therapeutin« und »Klient« bzw. »Klientin« zu verwenden. Natürlich sind damit auch die bereits genannten Personengruppen angesprochen (A.d.V.).

Ihre Rolle muss nicht die eines Psychotherapeuten sein, und Sie brauchen keine bestimmten Qualifikationen in Psychologie, Psychiatrie oder Beratung, um die Motivierende Gesprächsführung in Ihre Arbeit zu integrieren. Die Fähigkeiten sind zwar wertvoll für professionelle Interaktionen, aber jeder kann sie erwerben und so auch in alltäglichen Gesprächen effektiver kommunizieren. Sie können die Terminologie jederzeit Ihrer eigenen Situation anpassen.

Der Ansatz, mit dem wir arbeiten, folgt der »Motivierenden Gesprächsführung«, wie sie von William Miller und Stephen Rollnick (1991, 2002) beschrieben wurde. Wir bleiben den Prinzipien der Motivierenden Gesprächsführung treu und passen lediglich die praktische Anwendung an verschiedene Situationen des täglichen Lebens an. In diesem Kapitel erhalten Sie einen Überblick über die Grundlagen des Ansatzes. Die Nachweise für seine Wirksamkeit werden in Kapitel 2 diskutiert. Praktische Anwendungsmöglichkeiten werden im Anschluss behandelt.

1.1 Die fünf Prinzipien

> »Wenn jemand in dein Haus geht und alle Möbel umstellt, ist das Erste, was du tust, sie alle wieder zurück an ihren Platz zu stellen.«
>
> Kursteilnehmer

Miller und Rollnick (2002, S. 25) beschreiben die Motivierende Gesprächsführung als eine »auf den Patienten ausgerichtete Methode zur Verbesserung der intrinsischen Motivation zur Veränderung durch die Untersuchung und Auflösung von Ambivalenzen«. Wir haben fünf Kernprinzipien identifiziert, die auf dieser Definition beruhen. Abweichungen der Beschreibungen von Miller und Rollnick bzw. ihre Entsprechungen der Prinzipien sind in Klammern hinzugefügt.

(1) Vereinbarungen treffen (zusätzliches Prinzip zu den von Miller und Rollnick bereits benannten)
(2) Empathie ausdrücken
(3) Den Wunsch nach Veränderung fördern (Diskrepanzen entwickeln)
(4) Auseinandersetzungen vermeiden (Widerstand umlenken)
(5) Selbstvertrauen und Eigenverantwortung fördern (Selbstwirksamkeit fördern)

Vereinbarungen treffen

Klare Vereinbarungen ermöglichen es, dass der Therapeut und der Klient, die möglicherweise nicht die gleichen Erwartungen und Ziele an die Therapie bzw. Beratung haben, dies von Anfang an klarstellen und einen gemeinsamen Nenner zur Zusammenarbeit finden. Für die intrinsische Motivation ist es förderlich, die Vereinbarungen von allen Seiten bestätigt zu wissen. Ein guter Anfangspunkt für den Therapeuten wie für den Klienten ist die Frage: »Warum arbeite ich mit dieser Person an einer Veränderung?« Zur vollständigen Beantwortung dieser Frage ist eine klare Bestimmung der Arbeitsbeziehung zwischen Ihnen und der anderen Person erforderlich. Diese kann, je nach Umständen, stark variieren. Das Wort, das Sie verwenden, um die Person, mit der Sie arbeiten, zu beschreiben, wird diese Beziehung widerspiegeln, z. B. »Patient«, »Klient«, »Freund«, »Täter«, »Student« oder »Kollege«. Jede dieser Bezeichnungen impliziert unterschiedliche Erwartungen und Grenzen. Eine ausführliche Diskussion von Vereinbarungen zu Beginn der Therapie oder Beratung wird in Kapitel 4 zur Verfügung gestellt. Sowohl Chris Trotter (1999) als auch Sue Rex (Rex & Matravers, 1998) haben den Unterschied hervorgehoben, den eine klare Vereinbarung über Rollen, Erwartungen, Grenzen und Ergebnisse im Gegensatz zur reinen Beachtung etwa von Diagnosen oder gerichtlichen Verfügungen macht; die Autorität wird eher als legitim angesehen und die Bereitschaft zur Veränderung wird erhöht. Ebenso diskutieren Miller und Rollnick (2002) Vereinbarungen als Ausgangspunkt für die Arbeit mit Menschen, die sich verändern wollen.

Empathie ausdrücken

Ein genaues Verständnis der spezifischen Bedürfnisse jedes Einzelnen, der eine Veränderung erwägt, ist hier gefragt. Dabei sollte vollständig darauf verzichtet werden, über den Klienten zu urteilen, ihn zu kritisieren, zu stigmatisieren oder Schuldzuweisungen zu geben. Die Empathie ist in der Psychotherapie insbesondere mit der klientenzentrierten Therapie (Rogers, 1951) verbunden. Sie ist aber auch erfolgreich bei den meisten anderen Ansätzen, die eine Veränderung zum Ziel haben, eingesetzt worden. Luborsky et al. (1985) und Miller et al. (1980) haben festgestellt, dass der Grad der Empathie, den die Klienten erfahren haben, für die Veränderung des Verhaltens von weitaus größerer Bedeutung war als die Therapie- oder Beratungsmethode. Fertigkeiten, um für den Klienten angemessene Empathie aufzubauen, werden in den Kapiteln 4 und 7 untersucht.

Den Wunsch nach Veränderung fördern (Diskrepanzen entwickeln)

Im Gegensatz zu einem rein klientenzentrierten Berater (Rogers, 1951) leitet der motivierende Therapeut den Klienten dahin, Veränderungen in Betracht zu ziehen, indem er herausarbeitet, inwieweit das gegenwärtige Verhalten mit langfristigen Zielen und Werten im Konflikt steht. Miller und Rollnick (2002) bezeichnen dies als »Diskrepanzen entwickeln«.
Die Kunst, Diskrepanzen zu entwickeln, besteht darin, Ungereimtheiten und Widersprüche in dem, was gesagt worden ist, vorsichtig hervorzuheben und zu reflektieren.
Das Ziel der Motivierenden Gesprächsführung ist, dass die Menschen ihre eigenen Gründe für eine Veränderung finden, und nicht, dass der Therapeut ihnen Gründe »aufdrängt«. Es ist der Unterschied zwischen intrinsischer Motivation, die direkt aus der Person kommt, und extrinsischer Motivation, für die von außen kommende Belohnungen oder Drohungen nötig sind.

Jemanden zu motivieren, mit Kränkungen aufzuhören, um ein guter Vater zu sein, kann nur effektiv sein, wenn die Person, die die Veränderung erwägt, auch wirklich ein guter Vater sein möchte.

Ein motivierender Gesprächsansatz ist eher handlungsleitend als ein rein klientenzentrierter Ansatz, der nicht auf die gleiche Weise selektiv Widersprüche zwischen langfristigen und kurzfristigen Zielen hervorhebt. Im Gegensatz zum Vorgehen in konfrontativen Ansätzen versucht der Therapeut nicht, die Richtung vorzugeben, indem er insistiert oder versucht, den Klienten zu überreden, eine bestimmte Richtung einzuschlagen. Die Entscheidungen werden letztlich vom Klienten selbst getroffen. Das Konzept, Diskrepanzen zu entwickeln, ist vergleichbar mit dem Begriff der »kognitiven Dissonanz«, der von Festinger (1957) eingeführt wurde. Er fand heraus, dass bei Menschen, die sich bewusst wurden, dass ihr Verhalten im Konflikt mit ihren Werten und Überzeugungen steht, eher der Wunsch nach Veränderung aufkommt, um ihr Unbehagen den Widersprüchen gegenüber zu reduzieren. Beweise dafür, dass intrinsische Motivation eher zu langfristiger Verhaltensänderung führt als externe Belohnungen und Sanktionen, werden von Kohn (2000) sowie von Deci und Ryan (1987) geliefert, die herausgefunden haben, dass von Belohnungen verstärktes Verhalten sich häufig reduziert oder ganz aufhört, wenn die Belohnungen ausbleiben.

Auseinandersetzungen vermeiden (Widerstand umlenken)

Wenn Sie an Interaktionen mit Ihren Klienten denken, fallen Ihnen bestimmt Situationen ein, in denen Sie sich erhebliche Mühe gemacht haben, zahlreiche Argumente und Gründe für eine Veränderung zu präsentieren und Ihre Klienten ebenso viele Argumente dafür aufgeboten haben, so zu bleiben, wie sie sind. In solchen Situationen ist es leicht, die Klienten als »resistent«, »ablehnend« oder »schwierig« einzustufen. Motivierende Gesprächsführung sieht Widerstand als normalen Bestandteil des Veränderungsprozesses an und ist sich dem Gefühl der Unsicherheit oder Ambivalenz bezüglich der Veränderung bewusst. Wenn der Widerstand während des Gesprächs größer wird, ist das ein Zeichen für den Therapeuten, den Gesprächsstil zu ändern und erst einmal nur zuzuhören und Verständnis zu signalisieren, um so die Gründe für diese Entwicklung zu erkunden. Hat der Klient erst einmal seine Gründe, sich nicht zu verändern, erschöpft, können Gründe für die Veränderung untersucht und Widersprüche sanft hervorgehoben werden. Auf diese Art »lenkt man den Widerstand um« (Gordon, 1970).

Ein Ansatz wie die Motivierende Gesprächsführung scheint dadurch zu funktionieren, dass man negative Einstellungen reduziert. Studien von Miller und Kollegen (1993) untersuchten die Details dessen, was genau Klienten im Therapiegespräch sagten sowie ihre anschließende Verhaltensänderung. Diese Untersuchung unterstützt die Annahme, dass, je mehr die Menschen sagen, dass sie sich nicht ändern werden und begründen, warum sie die Gleichen bleiben wollen, desto wahrscheinlicher dies auch eintritt. Durch den Versuch, den Klienten zu etwas zu überreden, kann der Therapeut es ironischerweise wahrscheinlicher machen, dass dieser sich nicht verändert. Wenn der Therapeut sich hingegen so verhält, dass kein Widerstand erzeugt wird, ist eine Veränderung deutlich wahrscheinlicher.

Selbstvertrauen und Eigenverantwortung fördern (Selbstwirksamkeit fördern)

Der Therapeut leitet den Klienten dazu an, herauszufinden, wie er seine Ambivalenz auflösen und die Hindernisse auf dem Weg zur Veränderung überwinden kann. Der Klient wird ermutigt, an die Möglichkeit der Veränderung zu glauben und eigene Verantwortung für die Veränderung zu übernehmen (Selbstwirksamkeit).

Das Prinzip der Eigenverantwortung wird gestützt durch die auf kognitiv-behavioralen Prinzipien basierenden Arbeiten von Bandura (1977) und die klientenzentrierte Arbeit von Rogers (1969), die beide herausgefunden haben, dass, je mehr man daran glaubt, etwas erreichen zu können, desto wahrscheinlicher man anspruchsvollere Aufgaben übernimmt und auch lösen kann. Es gibt Hinweise darauf, dass der Glaube des Therapeuten an die Möglichkeit der Veränderung ein ebenso bedeutsamer Faktor ist (Leake & King, 1977), sowohl wenn ein Klient in negativer Hinsicht als »Versager«, »Alkoholiker« oder »Süchtiger« bezeichnet wird als auch positiv als jemand, der in der Lage ist, eine Veränderung zu erreichen. Rosenthal und Jacobson (1992) haben das als den »Pygmalion-Effekt« bezeichnet.

1.2 Die grundlegenden Fertigkeiten der Motivierenden Gesprächsführung

> »Damit jemand Verantwortung für seine Taten übernehmen kann, muss er zunächst erkennen, dass sein Verhalten aus seinem eigenen Selbst geströmt ist.«
>
> Stanley Milgram

Die zentralen Fertigkeiten, die mit den Prinzipien der Motivierenden Gesprächsführung verbunden sind, sind folgende:
- ► Bestätigen
- ► Zuhören
- ► Offene Fragen stellen
- ► Zusammenfassen und aktiv zuhören
- ► Selbstmotivierende Aussagen unterstützen (Change-Talk hervorrufen)

Bei jeder zwischenmenschlichen Begegnung beeinflusst jeder das Verhalten des anderen. Wenn dieses Verhältnis harmonisch ist und in gegenseitigem Einvernehmen steht, nennen wir dies *Rapport*. Jede der oben genannten Fähigkeiten baut Rapport auf und hängt von ihr ab. Kapitel 4 untersucht die interaktiven Besonderheiten aller menschlichen Kommunikation und einige der Wege, auf denen sie effektiver gestaltet werden kann. Im folgenden Zitat wird das zugrundeliegende Prinzip besonders deutlich.

> *»Die Bedeutung Ihrer Kommunikation erschließt sich aus der Resonanz, die Sie dadurch erhalten. Wenn Sie nicht die gewünschte Resonanz erhalten, verändern Sie Ihr Tun.«*
>
> *(Laborde, 1987, S. 207)*

Keine dieser Fertigkeiten sind Wundertechniken, die man »auf Menschen anwenden« kann, um Veränderung zu erzeugen. Ohne den »Geist« der Motivationsarbeit können sie sogar den gegenteiligen Effekt auslösen.

Die wichtigste Fertigkeit von allen ist das Zuhören. Ohne das Zuhören werden die anderen Fertigkeiten nicht zu einem motivierenden Vorgehen beitragen. Außerdem muss dem Therapeuten bewusst sein, dass jegliche Veränderung immer auch einen Verlust beinhaltet, mit dem man umgehen muss.

Bestätigen (Selbstvertrauen aufbauen)

Die klientenzentrierte Therapie legt nahe, dass Menschen eher bereit zur Veränderung sind, wenn sie mit sich selbst im Reinen sind und Bestätigung erfahren (Rogers, 1951). Jemanden zu bestätigen bedeutet, mit ihm so zu arbeiten, dass sein Selbstbewusstsein und Selbstvertrauen aufgebaut wird. Wer sich bestätigt fühlt, fühlt sich als wertvolles Mitglied der Gesellschaft. Bestätigung ist am Anfang einer Zusammenarbeit, wenn Empathie benötigt wird, besonders wichtig. Am Anfang wird Bestätigung dadurch deutlich, wie man den Klienten begrüßt, Rapport herstellt, Unterschiede respektiert und dem Klienten hilft, sich willkommen und gehört zu fühlen. Weiterhin bestätigt man jemanden, indem man ihn nicht »in eine Schublade steckt«, sondern als Einzelperson wertschätzt. Trotter (1999) stellte fest, dass man im Durchschnitt fünf positive Bestätigungen des eigenen Verhaltens hören muss, um eine einzige Kritik akzeptieren zu können. Viele Klienten kennen aber eher die gegenteilige Situation. Jede Kritik innerhalb des Gesprächs kann daher Widerstand hervorrufen. Kritik, Ablehnung, Spott und Strafe werden in der Motivierenden Gesprächsführung nicht eingesetzt. Bestätigung hingegen erzeugt Selbstvertrauen, Eigenverantwortung und Selbstwirksamkeit.

Zuhören

Zuhören ist ein wesentlicher Bestandteil aller fünf Motivationsprinzipien. Wir alle glauben, dass wir eigentlich gut zuhören können. In der Praxis begegnen uns aber oft Anforderungen, die zu Ablenkungen führen können. Gutes Zuhören und Beobachten sind Fähigkeiten, die Zeit, Engagement und Übung erfordern. Zuhören bedeutet weder, nicht zu sprechen, noch, nur die Worte zu hören – es bedeutet, aus dem, was die Klienten uns erzählen, ein echtes Verständnis der Person zu gewinnen (Empathie). Nur durch konzentriertes Zuhören kann man langfristige Werte und die Konflikte dieser Werte mit den gegenwärtigen Verhaltensweisen heraushören (Entwicklung von Diskrepanzen). Viele der Menschen, mit denen Sie arbeiten, hatten schon einmal »ein gutes Gespräch«, aber vielleicht noch nie einen »wirklich guten Zuhörer«.

Etwa 92 Prozent der Kommunikation findet auf nonverbaler Ebene oder durch die Stimmlage, Lautstärke und Betonung statt (Mehrabian, 1972).

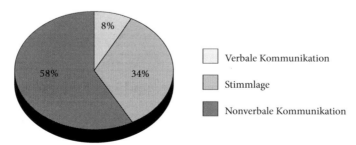

Zuhören bedeutet sowohl Sehen wie auch Hören der gesamten Kommunikation. Wenn Sie gemeinsame Vereinbarungen mit dem Klienten treffen, liefern die Körpersprache des Klienten und seine Stimmlage einen Hinweis darauf, ob er sich angehört und beteiligt fühlt.

Offene Fragen stellen

Offene Fragen sind Fragen, die nicht mit »ja« oder »nein« beantwortet werden können. Die hilfreichsten offenen Fragen beginnen oft mit »Was …«, »Erzählen Sie mir …«, »Erklären Sie mir, was …«.

Wie?, Wann?, Wo?, Welche?, Wer? und Warum? sind ebenfalls offene Fragen. In Kapitel 9 wird untersucht, wieso einige hilfreicher sind als andere. Die Einbeziehung offener Fragen in ein Gespräch kann eine nützliche Methode sein, um weitere Informationen zu erhalten und den Wunsch nach Veränderung zu verstärken. Um motivierend zu wirken, müssen Fragen im Zusammenhang mit den anderen Fertigkeiten des Zuhörens und des Reflektierens und im Sinne von Empathie und der Entwicklung von Selbstwirksamkeit gestellt werden. Mehrere Studien (Lambert, 1976) haben gezeigt, dass offene Fragen der intrinsischen Motivation nicht dienlich sind, wenn sie alleinstehend als »kalte« Technik verwendet werden.

Eine Frage wird im Wörterbuch als *Interrogativsatz* definiert, und Fragen können genauso empfunden werden: als Mittel zur Interrogation, also zum Ab- oder Ausfragen. Dennoch können relativ wenige, vielleicht sogar nur eine entscheidende Frage in Kombination mit reflektierendem Zuhören zum Katalysator für das Bedürfnis nach und das Vertrauen in die Veränderung werden (Selbstwirksamkeit).

Miller und Rollnick (2002) schlagen vor, maximal drei Fragen hintereinander zu stellen.

Zusammenfassen und aktiv zuhören

Die Grundlage des aktiven bzw. reflektierenden Zuhörens ist, dass Sie herauszufinden versuchen, was die Person meint und dies als Aussage umformulieren. Die Form »Sie meinen also …« ist somit der Form einer geschlossenen Frage (»Meinen Sie damit …?«) vorzuziehen. Der Klient fühlt sich nicht ausgefragt, sondern verstanden und ist damit eher bereit, weitere Informationen preiszugeben. Zusammenfassungen können direkt nachdem der Klient gesprochen hat oder am Ende eines Gesprächs verwendet werden. Sie können von einfachen Spiegelungen dessen, was gesagt worden ist, über Spiegelungen der wahrgenommenen Bedeutungen und Gefühle bis zu komplexeren Zusammenfassungen, die Widersprüche hervorheben, reichen. Jede davon hat einen anderen Effekt. Sie werden in Kapitel 8 weiter untersucht.

Die geschickte Verwendung von Zusammenfassungen kann …

▶ den Klienten ermutigen, mehr zu sagen, und es Ihnen ermöglichen, Ihr Verständnis des Gesagten darzulegen und dabei Empathie zu zeigen.

▶ Widersprüche aufdecken durch die Betonung von Inkonsistenzen zwischen aktuellem Verhalten und langfristigen Werten und Zielen, die der Klient selbst erwähnt hat.

▶ demonstrieren, dass Sie zuhören und Argumente akzeptieren, ohne notwendigerweise zuzustimmen – und dadurch Widerstände abbauen.

► sicherstellen, dass man nur mit dem arbeitet, was einem angeboten wurde, was vom Klienten kommt, und dadurch Eigenverantwortung und Selbstvertrauen stärken.

► Bereiche der Übereinstimmung klären und klare Absprachen fördern.

Selbstmotivierende Aussagen fördern (Change-Talk hervorrufen)

Selbstmotivierende Aussagen sind eine wesentliche Voraussetzung für klare Absprachen, die Aufdeckung von Diskrepanzen und den Glauben in die Veränderung. Eine selbst-motivierende Aussage geht immer vom Klienten aus und drückt ein positives Bedürfnis, Vertrauen oder die Bereitschaft aus, etwas zu tun. Sie beinhaltet das Wort »Ich« und wird beispielsweise benutzt für:

► »Ich will mich ändern«

► »Ich kann mich ändern«

► »Ich werde mich ändern«

»Ich will …«   »Ich kann …«   »Ich werde …«

Betont werden sollte noch einmal, dass der Klient das Bedürfnis oder das Vertrauen in die Änderung äußert, nicht der Therapeut. In dieser Hinsicht baut die Motivierende Gesprächsführung auf der Selbstwahrnehmungstheorie nach Bem (1972) auf, die feststellt, dass wir dazu neigen, zu glauben, was wir uns selbst sagen hören. Die psycholinguistische Forschung von Amrhein et al. (2003) zeigte, dass die effektivsten selbstmotivierenden Aussagen ein hohes Maß von

► Notwendigkeit zur Veränderung,

► Wunsch nach Veränderung,

► Gründe für Veränderung,

► Fähigkeit zur Veränderung und

► Selbstverpflichtung (Commitment) zur Veränderung

aufzeigen. Es gab deutlich mehr Einfluss auf das zukünftige Verhalten, wenn der »Commitment-Talk« gegen Ende des Gesprächs an Intensität und Qualität zunahm.

1.3 Der Kreislauf der Veränderung

Wie die genannten Fertigkeiten und Prinzipien verwendet werden, kann variieren, je nachdem, wie bereit jemand zur Veränderung ist. Prochaska und DiClementes (1982) Forschung über Verhaltensänderung im Bereich des Suchtverhaltens stellt ein nützliches ergänzendes Modell dar für die Anwendung der Motivierenden Gesprächsführung und um herauszufinden, wann alternative Ansätze sinnvoll sein können.

Die Phasen der Veränderung, die Prochaska und DiClemente beschreiben, wurden schematisch auf verschiedene Arten vorgestellt. Wir haben festgestellt, dass die Vorstellung von sechs Stufen als Teil eines Kreislaufs am hilfreichsten ist.

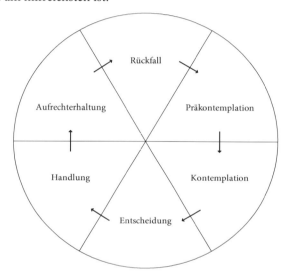

Ihr »transtheoretisches« Modell der Veränderung wird beschrieben als »persönlicher Weg durch die Etappen, der dabei hilft, die verschiedenen Einflüsse, die an der Entstehung und Überwindung der Sucht beteiligt sind, zu verstehen« (DiClemente, 2006, S. 19). Wir sind der Meinung, dass diese Konzepte genauso gut auf andere Situationen, in denen Menschen sich um Veränderung bemühen, angewendet werden können. Heather (1996) fand heraus, dass in den früheren Phasen der Präkontemplation und Kontemplation in einer Therapie ein motivierender Ansatz im Vergleich zu verhaltenstherapeutischen Ansätzen besonders effektiv war. DiClemente und Velasquez (in Miller & Rollnick, 2002) haben auch festgestellt, dass sich diese Phasen besonders gut für die motivierende Arbeit eignen, während sie weiterhin ermittelten, wie ein motivierender Ansatz andere Therapie- und Beratungsansätze in späteren Phasen stärken kann. Jede Person, mit der Sie arbeiten, könnte sich für ein bestimmtes Verhalten in der einen Phase befinden, für ein anderes Verhalten in einer anderen oder auch zwischen zwei Phasen.

Präkontemplation. In der Phase der Präkontemplation wird keine Veränderung angestrebt. Andere Menschen könnten glauben, dass jemand ein Problem hat, aber derjenige selbst glaubt dies nicht. Beispiele hierfür wäre eine Person, die

▶ Alkohol oder Drogen in größeren Mengen konsumiert, was sich nachteilig auf Verhalten und Gesundheit auswirkt,

- ► sich ungesund ernährt,
- ► die Schule schwänzt,
- ► verschriebene Medikamente nicht einnimmt oder
- ► durch häufige Verstöße auffällt.

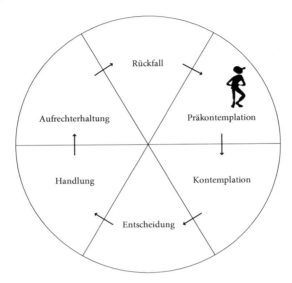

Eine Vorgehensweise im Sinne der Motivierenden Gesprächsführung zielt darauf ab, dass eine Veränderung allmählich in Erwägung gezogen wird. Empathie und die damit verbundenen Fertigkeiten des Zuhörens und Zusammenfassens sind in der Phase der Präkontemplation besonders nützlich. Die Verwendung von weiteren Prinzipien und Fertigkeiten hängt von dem Grund ab, warum sich jemand überhaupt in dieser Phase befindet. Jemand, der lediglich aufgrund fehlenden Hintergrundwissens bisher veränderungsresistent war, kann möglicherweise gut auf die Bereitstellung neuer Informationen reagieren, die zusätzlich zu den motivierenden Fertigkeiten angeboten werden. Diejenigen, die gegen Veränderungen rebellieren, verwenden neue Informationen möglicherweise als »Brennstoff« für weitere Auseinandersetzungen. Diese reagieren möglicherweise besser auf jemanden, der den Widerstand aufnimmt, zuhört und Verständnis zeigt.

Kontemplation. Die Saat des Zweifels ist gesät. Der Klient ist sich einiger Vorteile von Veränderung und der Nachteile seines derzeitigen Verhaltens bewusst. Eine klare Entscheidung ist allerdings noch nicht gefallen; noch fühlt sich der Klient in seinem aktuellen Verhalten wohl und weiß, dass es schwierig sein wird, es zu ändern. Es ist, als ob vier Stimmen im Kopf permanent für und gegen eine Veränderung argumentieren würden. Die Ambivalenz, die dadurch entsteht, kann zu Verwirrung und Untätigkeit führen oder auch zur Fortführung des problematischen Verhaltens als einfachsten Ausweg.

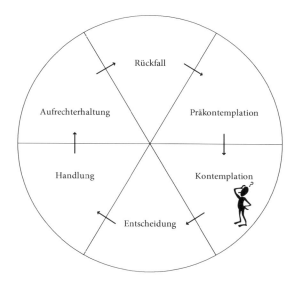

Motivierende Gesprächsführung in dieser Phase hilft dem Einzelnen, die Ambivalenz zu untersuchen und aufzulösen, ohne ihm eine Veränderung aufzuzwingen. Die Motivationswaage (Janis & Mann, 1977, bei Miller & Rollnick, 2002, als »Entscheidungswaage« bezeichnet) ist ein nützliches Instrument, um die Vor- und Nachteile der Veränderung bzw. der Nicht-Veränderung herauszufinden.

Nachteile, wenn man sich nicht verändert

Vorteile, wenn man sich nicht verändert

Vorteile einer Veränderung

Nachteile einer Veränderung

In der Kontemplationsphase werden alle wichtigen Prinzipien und Fertigkeiten der Motivierenden Gesprächsführung verwendet. Es mag verlockend sein, in dieser Phase mit dem Klienten bereits neue Verhaltensweisen einzuüben, aber es gibt genügend Forschungsergebnisse, die belegen, dass dies kontraproduktiv sein kann. Colin Roberts (2003) Untersuchung eines akkreditierten Programms für Straftäter (»Think First«) belegt, dass beim Versuch, Menschen in dieser Phase zur Veränderung zu zwingen, Zeit und Ressourcen verschwendet werden können. Er fand heraus, dass Straftäter, die das Programm begannen, aber nicht motiviert wurden, es auch zu beenden, häufiger rückfällig wurden als diejenigen, die gar nicht erst angefangen hatten. Es ist eine typische Reaktion auf Druck, gegen die Anordnungen zu rebellieren. In einem Ansatz wie der Motivierenden Gesprächsführung hört man sich die Hindernisse auf dem Weg zur Veränderung an, ohne sie zu verurteilen und hilft dabei, allmählich die Gründe für und das Vertrauen in eine Veränderung zu finden.

Entscheidung. Wenn eine klare Entscheidung für die Veränderung gefallen ist, werden Sie mehr selbstmotivierende Aussagen und weniger Äußerungen im Sinne eines Widerstands hören. Sie werden Sätze hören wie:

► Ich will mich ändern, weil …
► Ich kann mich ändern, weil …
► Ich werde anfangen, mich zu ändern …
► Ich bin bereit, jetzt anzufangen …

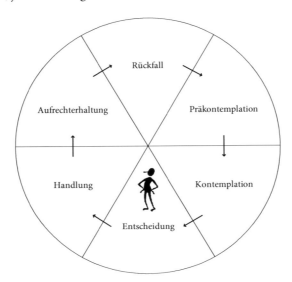

In dieser Phase gibt es eine Bereitschaft auf Seiten des Klienten, klare Absprachen über die Veränderung zu treffen und mit Ihnen gemeinsam herauszufinden, wie mögliche Schwierigkeiten überwunden werden können.

Die Kunst eines motivierenden Gesprächsansatzes ist es, zu erkennen, wenn jemand zur Veränderung bereit ist und in diesem Fall bereits frühe Andeutungen zu verstärken. Auf die Werte und Ziele zurückzukommen, die beim Erkennen von Widersprüchen gefunden worden sind, ist hilfreich, ebenso wie der Aufbau von Vertrauen in die Möglichkeit der Veränderung. Ein Fehler wäre, zu schnell in die direkte Planung von Maßnahmen und Handlungen einzusteigen. Ideen zur Veränderung sollten immer von der Person ausgehen, die sich ändern möchte. Wo es nötig erscheint, können diese mit neuen Informationen ergänzt werden. Weil Sie Veränderungen erreichen möchten, werden Sie vermutlich häufig denken, dass sich der Klient bereits in der Phase der Entscheidung befindet, auch wenn dies noch gar nicht der Fall ist. Wenn bereits Handlungspläne vor der endgültigen Entscheidung zur Veränderung gemacht werden, werden sie in der Regel nicht eingehalten. Der richtige Weg ist, nur die Maßnahmen zuzulassen, die auf der Arbeit in der Präkontemplations- und in der Kontemplationsphase beruhen. So könnte man vorschlagen, herauszufinden, wie wünschenswert einerseits die Veränderung ist und welchen Nutzen es andererseits bringt, so zu bleiben wie man ist – prinzipiell können alle Bereiche angesprochen werden, an denen der Klient derzeit zu arbeiten motiviert ist.

Wenn jemand bereits in der Handlungsphase ist, hat er begonnen, kleine Schritte in Richtung Veränderung zu unternehmen. Ein Vorgehen im Sinne der Motivierenden Gesprächsführung ist es, zuzuhören und zu bestätigen. Statt materieller Belohnungen und Sanktionen können Sie Lob und Zustimmung aussprechen. Deci und Ryan (1985) fanden die folgenden Belohnungen am wirksamsten:

▶ verbal (statt materialistisch)
▶ spezifisch für ein bestimmtes Verhalten
▶ echt, auf den Klienten angepasst und durch non-verbale Kommunikation unterstützt
▶ unerwartet
▶ informativ statt kontrollierend

Zusätzliche Fähigkeiten aus anderen Ansätzen helfender Berufe können ebenfalls hilfreich sein. Wenn diese mit einem motivierenden Ansatz kombiniert werden, können sie sich auf Wahlfreiheit und Selbstbestimmung konzentrieren. West (1990) hat festgestellt, dass die Art und Weise, in der eine Behandlung, Therapie oder Beratung durchgeführt wird, einen signifikanten Unterschied ausmacht. Sie fand heraus, dass von Ärzten abgegebene Empfehlungen, wenn sie in Form von Feedback oder der Bereitstellung mehrerer möglicher Optionen präsentiert wurden, deutlich mehr beachtet wurden als wenn sie in Form von Anordnungen oder Werturteilen erfolgten.

Handlung. In der Handlungsphase kann es sehr hilfreich sein, jemandem aktiv dabei zu helfen, die bestehenden Hindernisse zur Veränderung zu überwinden. Kogan (1957) fand heraus, dass es die Chance, dass eine Überweisung an z. B. einen Arzt funktioniert, mehr als verdoppelt, wenn man den Kontaktanruf für den Arzttermin mit dem Klienten zusammen im Büro durchführt. Andere Beispiele wären mündliche Erinnerungen an Termine, Unterstützung bei der Organisation der Anfahrt zur Praxis und Hilfe bei der Benutzung des Telefons oder dem Ausfüllen von Formularen, falls jemand Probleme mit dem Lesen oder Schreiben hat.

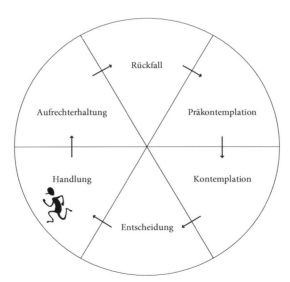

Die Beseitigung von Hindernissen wird nur wirksam sein, wenn der Klient selbst will, dass sie beseitigt werden. Was in der Handlungsphase funktionieren kann, mag aber in der Phase der Kontemplation wiederum nicht hilfreich sein.

Aufrechterhaltung. In der Phase der Aufrechterhaltung ist die Veränderung bereits über einen längeren Zeitraum eingetreten. Als längerer Zeitraum werden in der Regel sechs Monate oder mehr angesehen. Kognitiv-verhaltenstherapeutische Methoden funktionieren in dieser Phase gut und können in Verbindung mit Motivierender Gesprächsführung verwendet werden, um den Klienten zu unterstützen bei

► der Festigung des Fortschritts und dem Aufbau von Selbstvertrauen,
► der Identifizierung von riskanten Situationen, die zum Rückfall führen können und Strategien zur Überwindung dieser Situationen,
► der Entwicklung neuer Fertigkeiten und Verhaltensweisen,
► dem Verlassen des Kreislaufs insgesamt und dem Aufbau eines neuen Lebens.

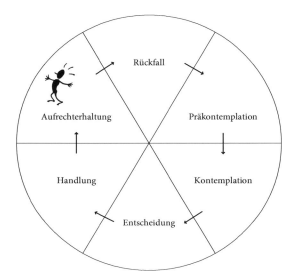

Rückfall. Prochaska und DiClemente (1982) fanden heraus, dass Raucher den Kreislauf durchschnittlich siebenmal durchlaufen mussten, ehe eine langfristige Veränderung eintrat. Scheitern ist ein normaler Bestandteil des Veränderungskreislaufs. Menschen reagieren unterschiedlich auf ihr eigenes Scheitern. Enttäuschung, Wut, Schuld und Verlust der Hoffnung können zu einem länger andauernden Rückfall führen. Jemand, der mit Motivierender Gesprächsführung mit einer Person arbeitet, die gescheitert ist, ermutigt sie und kehrt mit ihr zur Kontemplationsphase zurück, um neuen Optimismus herzustellen.

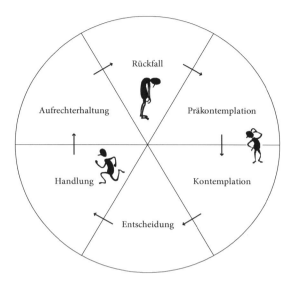

Was jemanden motiviert und auf welche Interventionen man reagiert, hängt teilweise davon ab, an welcher Stelle man sich im Kreislauf der Veränderung befindet. Was jemandem dabei hilft, über Veränderungen nachzudenken, kann etwas anderes sein, als das, was ihm hilft, in Aktion zu treten und diese auch zu Ende zu führen. Motivierende Prinzipien und Fertigkeiten sind besonders effektiv, wenn man mit Menschen arbeitet, die sich in der Präkontemplations- oder der Kontemplationsphase einer Veränderung befinden.

1.4 Zusammenfassung des motivierenden Ansatzes

Die Art und Weise, wie der Therapeut kommuniziert, hat das Potenzial, die Motivation zu erhöhen, aber auch, sie zu reduzieren (s. Tab. 1.1). Die Bedeutung Ihrer Kommunikation erschließt sich aus der Antwort, die Sie erhalten.

Tabelle 1.1 Wie Kommunikation die Motivation beeinflussen kann

Um Motivation zu verstärken:	Um Motivation zu reduzieren:
Prinzipien ▶ Klare, einvernehmliche Vereinbarungen treffen ▶ Empathie zeigen ▶ Den Wunsch nach Veränderung / Diskrepanzen entwickeln ▶ Diskussionen vermeiden, Widerstand umlenken ▶ Selbstvertrauen und Verantwortung fördern	**Prinzipien** ▶ Keine konkreten Erwartungen formulieren ▶ Bei jedem Klienten mit der gleichen Vorgehensweise vorgehen ▶ Insgeheimes Einverständnis: »Ich würde das Gleiche tun« ▶ Konfrontation: »Ich habe recht und Sie unrecht« ▶ Alle Entscheidungen treffen

Zentrale Fertigkeiten	Zentrale Fertigkeiten
▶ Positive Verhaltensweisen unterstützen und loben ▶ Zuhören ▶ Manchmal offene Fragen stellen ▶ Zusammenfassen und spiegeln ▶ Selbstmotivierende Aussagen unterstützen	▶ Auf Fehler hinweisen ▶ Reden ▶ Häufig wiederkehrende oder geschlossene Fragen stellen ▶ Warnen und Drohen ▶ Anweisen und Überreden
Prozess	**Prozess**
▶ Rapport herstellen, Vereinbarungen treffen ▶ Auf Motivation reagieren ▶ Präkontemplation: Zweifel wecken ▶ Kontemplation: Wunsch zur und Vertrauen in die Veränderung entwickeln ▶ Entscheidung: Gemeinsame Pläne ▶ Aktion, Scheitern, Aufrechterhaltung: Veränderung unterstützen, aus dem Scheitern lernen	▶ Keinen Rapport herstellen ▶ Annehmen, jeder wäre motiviert ▶ Mit Plänen zur Verhaltensänderung beginnen ▶ Diejenigen, die nicht mitmachen, negativ abstempeln ▶ Scheitern als »Versagen« abstempeln ▶ Diejenige, die scheitern, bestrafen ▶ Bereiten Sie sich darauf vor, loszulassen
Reaktion des Klienten	**Reaktion des Klienten**
Steigendes Commitment: ▶ »Ich sollte, aber …« wird zu ▶ »Ich möchte …« wird zu ▶ »Ich möchte, weil …« wird zu ▶ »Ich kann …« wird zu ▶ »Ich werde!«	Zunehmender Widerstand: ▶ »Ich sollte, aber … » wird zu ▶ »Ich will nicht« wird zu ▶ »Ich will nicht, weil …« wird zu ▶ »Ich kann nicht« wird zu ▶ »Ich werde nicht!«

Zusammenfassung

Im Wesentlichen ist die Theorie hinter einem motivierenden Ansatz die, dass, je häufiger man motivierende Prinzipien und Fertigkeiten verwendet, desto wahrscheinlicher bringt der Klient Commitment mit seinen Zielen und Werten zum Ausdruck. Wenn dieses während einer Sitzung immer stärker wird, werden auch Veränderungen immer wahrscheinlicher. Wenn sich das Commitment aber immer weiter verringert, ändern Sie Ihre Vorgehensweise.

Das nächste Kapitel befasst sich mit Belegen für die Wirksamkeit der Motivierenden Gesprächsführung.

KAPITEL 2 /

Wie wirksam ist ein motivierender Gesprächsansatz?

▶ Welche Vorteile hat es, die Belege für die Wirksamkeit der Methode zu überprüfen, mit der Sie vorrangig arbeiten?

▶ Welche Risiken hat es, wenn Sie das nicht tun?

▶ Welchen Unterschied macht es für Ihre Arbeit, wenn Sie einen Ansatz verwenden, dessen Wirksamkeit nachgewiesen ist?

Diese Fragen sollten Sie sich vielleicht stellen, bevor Sie dieses Kapitel lesen. Therapeuten greifen, um anderen bei persönlichen Veränderungen zu helfen, auf eine Vielzahl von Ansätzen zurück, die entweder durch persönliche Vorlieben bestimmt oder auch durch die Organisationen, für die sie arbeiten, vorgegeben werden. Die Autoren haben sich für einen motivierenden Gesprächsansatz entschieden, nicht nur, weil er zu ihren Wertvorstellungen passt, sondern auch weil es zahlreiche Belege dafür gibt, dass er funktioniert.

In diesem Kapitel werden wir hinsichtlich der Wirksamkeit der Motivierenden Gesprächsführung eine Reihe von Fragen stellen und Orientierungen bieten, falls Sie sich mit weiterführenden Untersuchungen beschäftigen möchten.

2.1 Zusammenfassung der Belege

Welche Nachweise gibt es dafür, dass die Motivierende Gesprächsführung Menschen hilft, sich zu ändern?

Eine Reihe von Studien zeigt, dass ein motivierender Ansatz deutlich mehr bei der Veränderung hilft als gar keine Intervention, insbesondere im Zusammenhang mit Drogenmissbrauch und Ernährungsüberwachung (Miller & Rollnick, 2002, Meta-Analyse von 100 Studien von Burke et al., 2003, und Hettema et al., 2004).

Die Motivierende Gesprächsführung wurde ursprünglich im Bereich des Suchtverhaltens angewandt und untersucht. In den vergangenen Jahren fand sie vielfältige Anwendung in der Gesundheits- und Strafrechtspflege, um Menschen bei verschiedenen Problemen, wie der regelmäßigen Einnahme verordneter Medikamente, dem Einhalten von Terminen, der Teilnahme an Behandlungsprogrammen, der Kontrolle der Insulinzufuhr und dem Einhalten von Diäten zu helfen. In diesen Bereichen gibt es zwar weniger Forschung bezüglich der Wirksamkeit des Ansatzes, aber das, was es gibt, sieht vielversprechend aus.

Wie viel effektiver als andere Ansätze ist die Motivierende Gesprächsführung?

Die größten Effekte zur Wirksamkeit der Motivierenden Gesprächsführung wurden im Vergleich mit konfrontativen Ansätzen nachgewiesen.

▶ Es wurde herausgefunden, dass Konfrontation den Alkoholkonsum verstärkt, während motivierende Beratung bzw. Therapie ihn reduziert haben (Miller et al., 1993).

▶ Ausfallraten von Behandlungsprogrammen steigen bei einem konfrontativen Stil an und sinken bei einem motivierenden Therapiestil (Miller et al., 1993, 2003).

► Die Konfrontation von Sexualstraftätern kann zu Selbstschutz und begrenzter Öffnung auf Seiten des Klienten führen, während ein motivierender Ansatz wahrscheinlicher zur Therapiebereitschaft führt (Kear-Colwell & Pollock, 1997; Mann & Rollnick, 1996).

Ansätze wie die Motivierende Gesprächsführung haben sich als effektiver im Vergleich zu Selbsthilfe- oder pädagogischen Methoden herausgestellt.

Glücksspiel (Hodgins et al., 2001) konnte reduziert und die Verwendung von Kondomen bei HIV-infizierten Patienten (Belcher et al., 1988) mithilfe eines motivierenden Ansatzes signifikant deutlicher gesteigert werden im Vergleich zu Selbsthilfe- oder pädagogischen Ansätzen.

Motivierende Ansätze können langfristig effektiver sein als verhaltenstheoretische Ansätze, insbesondere da, wo Ambivalenz bezüglich der Veränderung vorherrscht.

Deci und Ryan (1985) stellten fest, dass motivierende Ansätze die intrinsische Motivation und langfristige Veränderungen fördern. Heather et al. (1996) fanden heraus, dass dort, wo eine klare Entscheidung für die Veränderung gefallen war, ein verhaltenstheoretischer Stil ebenso effektiv war wie ein motivierender Stil. Jedoch war ein motivierender Stil bedeutend effektiver, wo noch Ambivalenz bezüglich der Veränderung herrschte.

Bestrafung kann zur kurzfristigen Einhaltung von Regeln führen, aber langfristig verstärkt sie die Verhaltensprobleme, während ein motivierender Ansatz eine langfristige Änderung bewirken kann.

Lipsey (1992) fand heraus, dass Bestrafungen wie intensive Überwachung und plötzliche Inhaftierung im Vergleich zu einer Kontrollgruppe zu einem Anstieg der Rückfallquote von 25 Prozent führte. Gershoff (2002) bietet eine umfassende Analyse der Auswirkungen von Strafen in einer Reihe von Situationen und kommt zu einer ähnlichen Schlussfolgerung. Wo Bestrafung eine Verbesserung des Verhaltens erzeugt, geschieht dies häufig nur kurzfristig, und die alten Verhaltensmuster kehren zurück, wenn die Bestrafung aufhört. Ein motivierender Ansatz zielt auf mehr als die Verbesserung des Verhaltens, er zielt auf ein Bekenntnis zu langfristiger Veränderung.

Es gibt weniger Nachweise für die Wirksamkeit von Motivationsarbeit in Therapie und Beratung im Vergleich mit kognitiv-verhaltenstherapeutischen und klientenzentrierten Ansätzen.

Motivierende Gesprächsführung enthält Elemente der Kognitiven Verhaltenstherapie und der klientenzentrierten Therapie und daher ist es nicht verwunderlich, dass es weniger Beweise für die Wirksamkeit der Motivierenden Gesprächsführung in Vergleich mit ihnen gibt. Dowden und Andrews (2004) Meta-Analyse von 270 Studien hat ergeben, dass nur sehr wenige Untersuchungen solcher Programme überhaupt detailliert genug zeigen konnten, wie die einzelnen Methoden dargeboten wurden, um sie voneinander unterscheiden zu können. Die Studien von Sellman et al. (2001) und Kemp (1998) sind Ausnahmen, sie zeigen den Mehrwert der Motivierenden Gesprächsführung gegenüber nicht-direktiven klientenzentrierten Ansätzen bei ambulanten Patienten mit

Alkoholproblemen bzw. Menschen mit Psychosen. Das MATCH-Projekt (Project MATCH Research Group, 1997) ist eine der umfassendsten Studien, bei der die Auswirkungen von einer kognitiv-verhaltenstherapeutischen Methode, einem medizinischen Modell und einer Variante der Motivierenden Gesprächsführung in Bezug auf Alkoholkonsum bei annähernd 2.000 Menschen verglichen wurden. Alle drei Ansätze erwiesen sich als wirksam.

> Die Motivierende Gesprächsführung erweist sich als ebenso wirksam wie ein kognitiver und ein klientenzentrierter Ansatz und benötigt die wenigste Zeit.

Wie wirksam ist die Motivierende Gesprächsführung in Kombination mit anderen Ansätzen?

> Die Motivierende Gesprächsführung funktioniert gut als Vorbereitung für andere Behandlungen oder in Kombination mit anderen Ansätzen.

Die folgenden Studien belegen beispielhaft den Mehrwert der Motivierenden Gesprächsführung in Verbindung mit anderen Ansätzen.

▶ Barrowclough et al. (2001) haben herausgefunden, dass eine Veränderung bei Patienten mit Doppeldiagnosen bedeutend wahrscheinlicher war, wenn sie an Sitzungen mit Motivierender Gesprächsführung und an einer Kognitiven Verhaltenstherapie teilnahmen als wenn Sie nur mit Kognitiver Verhaltenstherapie behandelt wurden.

▶ Resnicow et al. (2002) fanden heraus, dass Patienten, die eine Gesundheitsberatung und eine Sitzung mit Motivierender Gesprächsführung erhielten, bedeutend häufiger Obst und Gemüse zu sich nahmen als diejenigen, die nur die Gesundheitsberatung erhalten hatten.

▶ Scales (1995) fand heraus, dass bei Patienten, die Informationen über Herz-Kreislauf-Risiken verbunden mit Motivierender Gesprächsführung erhalten hatten, die Wahrscheinlichkeit signifikant höher war, dass sie ihren Stress reduzierten und ihre körperlichen Aktivitäten steigerten als bei denjenigen, die nur die Informationen erhalten hatten.

▶ Smith et al. (1997) haben herausgefunden, dass Patienten mit Diabetes deutlich wahrscheinlicher ihre Eigenüberwachung der Glukoseaufnahme und das Halten ihres Gewichts verbesserten, wenn sie sowohl an einer Sitzung mit Motivierender Gesprächsführung als auch an einem verhaltenstherapeutischen Programm teilnahmen, als wenn sie nur am verhaltenstherapeutischen Programm teilnahmen.

▶ Die Verwendung der Motivierenden Gesprächsführung zur Vorbereitung auf eine andere Behandlung erscheint besonders nützlich, wenn die Alternative eine Warteliste ist. Mehrere Studien haben belegt, dass Wartelisten sozusagen »sich selbst erfüllende Prophezeiungen« darstellen, da die Patienten hier sogar noch weniger an sich arbeiteten als Kontrollgruppen ganz ohne Behandlung (Harris & Miller, 1990).

2.2 Implikationen für die Praxis

Wann ist die Motivierende Gesprächsführung nicht geeignet?

> Wenn einem Klienten oder anderen eine unmittelbare Gefahr droht, kann der Ansatz fraglich sein.

In einer Wohneinrichtung können zum Beispiel, wenn ein Klient im Begriff ist, jemanden zu verletzen, Aspekte der Motivierenden Gesprächsführung wie *Ruhe bewahren* und *die Situation auflösen*, in Verbindung mit Aspekten eines mehr auf Kontrolle ausgerichteten Ansatzes verwendet werden. Ein Klient, der in eine geschlossene psychiatrische Klinik eingewiesen wurde oder einer, der einen akuten Krankheitsschub erleidet, wird wahrscheinlich nicht auf eine reine Gesprächstherapie ansprechen. Diese Patienten sollten kurzfristig medizinisch versorgt werden, besonders, wenn eine unmittelbare Gefahr droht. Treasure und Ward (1997) beispielsweise haben die Verwendung der Motivierenden Gesprächsführung bei Patienten mit Essstörungen in Frage gestellt, sollte das Leben dieser in unmittelbarer Gefahr sein.

> Es ist nicht immer notwendig, den gesamten Ansatz der Motivierenden Gesprächsführung durchzuführen.

Wenn sich ein Klient in einer akuten Leidenssituation befindet, kann die am besten geeignete Intervention eine Beratung sein, in der man auf die Elemente verzichtet, die in Richtung Veränderung weisen.

Rollnick (2003) stimmt zu, dass der Ansatz der Motivierenden Gesprächsführung nicht immer angemessen sein muss und nennt als Beispiel ein Kind, das auf die Straße läuft. Die erste Reaktion der Eltern könnte es sein, das Kind zurechtzuweisen, oder wenn das Kind verletzt ist, es zu trösten. Ein motivierender Ansatz zur Suche nach Alternativen und Befähigung zur Veränderung kann zu einem späteren Zeitpunkt erfolgen.

Die Motivierende Gesprächsführung ist ebenfalls fraglich, wenn der Klient

► gut auf andere Methoden anspricht,

► sich bereits aktiv verändert,

► als Reaktion auf die Motivierende Gesprächsführung die Häufigkeit und Stärke der Äußerungen des Widerstands erhöht und die Verwendung von selbstmotivierenden Aussagen verringert.

Für Miller und Rollnick (2002, S.161–179) ist es möglicherweise ethisch fragwürdig, die Techniken der Motivierenden Gesprächsführung anzuwenden, wenn

► es ein starkes emotionales oder berechtigtes Interesse auf Seiten des Therapeuten gibt, eine schnelle Veränderung herbeizuführen,

► eine schlechte oder unharmonische Beziehung zwischen Therapeut und Klient besteht,

► es einen Mangel an Verständnis oder Commitment für das Prinzip der Motivierenden Gesprächsführung gibt und einige Techniken (wie das Stellen von offenen Fragen) isoliert verwendet werden.

Wann ist ein Ansatz wie die Motivierende Gesprächsführung am besten geeignet?

Ein motivierender Ansatz scheint im Vergleich mit anderen Methoden am besten geeignet zu sein, wenn der Klient
▶ einer Veränderung ambivalent gegenübersteht (Heather et al., 1996),
▶ auf andere Methoden nicht oder resistent reagiert (Project MATCH Research Group, 1997),
▶ zunächst aggressiv oder unkommunikativ ist bzw. mit Widerstand reagiert (Prochaska & DiClemente, 1982),
▶ auf ein anderes Behandlungsprogramm wartet (Barrowclough et al., 2001) oder
▶ während der Motivationsgespräche nachweislich die Äußerungen des Widerstands reduziert und häufiger selbstmotivierende Aussagen tätigt.

Wie gut kann man die Motivierende Gesprächsführung in der Praxis einsetzen?

Harper und Hardy (2000) fanden heraus, dass eine Reihe von Therapeuten besorgt darüber war, dass Motivierende Gesprächsführung möglicherweise zu zeitaufwändig und zu komplex sei. Als Reaktion auf diese Kritik wurde dieses Buch geschrieben.

> Aspekte des Ansatzes können von jedem, der einem anderen bei einer Veränderung hilft, verwendet werden, angefangen bei einem 20-Sekunden-Gespräch.

Langwierige Gespräche über einen längeren Zeitraum hinweg sind nicht erforderlich. Monti et al. (1999) stellten fest, dass eine einzige 35-minütige Sitzung mit Motivierender Gesprächsführung den Alkoholkonsum mehrerer suchtkranker Klienten in den darauf folgenden sechs Monaten deutlich reduzieren konnte. Burke et al. (2003) erkannten bei durchschnittlich einer bis vier Sitzungen einen signifikanten Einfluss auf das zukünftige Verhalten und Woollard und Kollegen (1995) fanden bei Patienten mit Bluthochdruck kaum Unterschiede in den Auswirkungen zwischen denen, die sechs Motivationssitzungen mit hoher Intensität erhalten hatten und denjenigen, die nur eine einzige Sitzung erhalten hatten.
Diese Ergebnisse bedeuten nicht, dass die Motivierende Gesprächsführung lediglich aus einer Reihe von einzelnen Kurztechniken besteht. Die Bereitstellung von vorbereiteten Arbeitsblättern für die Therapie (Dilorio et al., 2003) ist an sich noch nicht motivierend. Das Prinzip des Ansatzes, der echte Wunsch zu verstehen, die richtige Reaktion auf Widersprüchlichkeiten und die Befähigung, anderen die Kraft zur Veränderung zu geben, ist wichtiger als jede Technik. Die Entwicklung dieser motivierenden Einstellung könnte man als eine »nie endende Reise« bezeichnen. Doch vom ersten Schritt dieser Reise an beginnt die Reaktion, die Sie von anderen erhalten, auch Sie selbst zu verändern.

Wie kann dieses Buch Ihnen helfen, anderen zu helfen?

Das vorliegende Buch bietet mehr als die reine Bereitstellung vorbereiteter Arbeitsblätter, aber es setzt auch keine langjährige Erfahrung als Psychotherapeut voraus. Das Ziel der Materialien ist es, einen Überblick über die Grundlagen der Theorie und praktische, einfach zu verstehende Strategien für den täglichen Gebrauch bereitzustellen. Es basiert auf unserer Erfahrung in der Ausbildung zahlreicher Mitarbeiter in Motivierender Gesprächsführung und ihren Erfahrungen.

In den folgenden Kapiteln werden die Prinzipien und Fertigkeiten der Motivierenden Gesprächsführung in einfacher Sprache dargestellt, mit vielen Beispielen für die Anwendung.

Kapitel 3 beginnt damit, zu untersuchen, wie Sie dieses Buch und seine Materialien verwenden können, um auf die vielfältigen Bedürfnisse der Menschen, mit denen Sie arbeiten, eingehen zu können.

KAPITEL 3 /

Wie dieses Buch verwendet werden sollte, um individuellen Erfordernissen zu entsprechen

Motivierende Arbeit setzt sich zum Ziel, die Klienten zu verstehen und wirksam auf jeden einzelnen einzugehen, damit er eine Veränderung erreicht. Dieses Kapitel bietet einen Überblick, wie die Materialien dieses Buches dabei hilfreich sein können. Es listet einige der wesentlichen Unterschiede zwischen verschiedenen Personen auf und bietet Vorschläge, wie mit dem zur Verfügung stehenden Material auf diese Unterschiede reagiert werden kann.

> Jeder Mensch ist so wie alle anderen Menschen, ist nur so wie ein anderer Mensch und ist auch so wie kein anderer Mensch.

In gewisser Hinsicht ist jeder, mit dem Sie arbeiten, einzigartig. Die Reaktionen, die Sie bei der Interaktion mit einer Person erhalten, werden nie die gleichen sein, wie die Reaktionen, die Sie von einer anderen Person erhalten. Ein wesentlicher Ansatzpunkt ist es daher, Empathie zu zeigen und Rapport zu jedem Menschen, mit dem Sie arbeiten, herzustellen. Die Fähigkeiten zum Aufbau von Rapport sind in Kapitel 4 – *Rapport herstellen und Vereinbarungen treffen* – beschrieben.

Ich möchte wissen, was in Ihnen vorgeht.

Manche Menschen, mit denen Sie arbeiten, weisen Ähnlichkeiten mit bestimmten anderen Menschen auf, mit einigen anderen wiederum haben sie keine Gemeinsamkeiten. Wir haben gesehen, dass die individuelle Phase der Motivation ein wesentlicher Faktor dafür ist, wie jemand auf eine Intervention reagiert. Das vorliegende Buch stellt Beispiele für effektive Kommunikation für jede dieser Phasen bereit.

Kapitel 5 – *Die aktuelle Motivationslage herausfinden* – wird Ihnen helfen, die Motivationslage des Klienten, mit dem Sie arbeiten, herauszufinden und sicherzustellen, dass Ihre geplanten Interventionen für den jeweiligen Klienten sinnvoll sind.

Wie ist meine aktuelle Motivation?

Kapitel 6 – *Der Kreislauf der Veränderung* – bietet Übungen, die Ihnen und dem Klienten eine bessere Beurteilung der Phase der Motivation, die für das jeweilige Verhalten relevant ist, ermöglichen. Außerdem werden Hilfestellungen angeboten, wie die nächste Phase am besten erreicht werden kann.

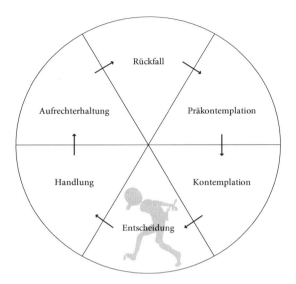

Kapitel 7 – *Die Fähigkeit, zuzuhören*, Kapitel 8 – *Zusammenfassen und aktives Zuhören* – und Kapitel 9 – *Offene Fragen stellen* – werden Ihnen helfen, genau diese drei Schlüsselfähigkeiten zu entwickeln, die auf verschiedene Weise verwendet werden, um Motivation zur Veränderung aufzubauen und beizubehalten.

Kapitel 10 – *Widerstand umlenken* – wird Ihnen helfen, eine positive Antwort auf Widerstand zu finden, die es dem Klienten ermöglicht, einen Schritt nach vorne zu machen. In der Phase der Präkontemplation kann eine geschickte Reaktion auf Widerstand Zweifel an festgefahrenem Verhalten säen.

Kapitel 11 – *Ambivalenz untersuchen* – bietet Übungen, die man mit dem Klienten zusammen durchführen kann. Sie sollen Widersprüchlichkeiten aufdecken und Ambivalenzen untersuchen (frühe Kontemplationsphase).

Kapitel 12 – *Den Wunsch nach Veränderung entwickeln* – vermittelt Ideen, wie man Klienten helfen kann, Widersprüche zugunsten von Veränderungen aufzulösen (mittlere Kontemplationsphase).

Kapitel 13 – *Bestätigung und Vertrauen in die Veränderung* – wird Ihnen helfen, den Klienten, die sich ändern möchten, aber noch nicht das Vertrauen haben, um einen Anfang zu machen, Selbstvertrauen zu geben (spätere Kontemplationsphase, auch wichtig für Entscheidungsphase, Handlungsphase und Phase der Aufrechterhaltung).

Kapitel 14 – *Motivierende Handlungsplanung* – bietet Ihnen und den Klienten Übungen, die die Handlungsplanung unterstützen, sobald eine klare Entscheidung getroffen worden ist (Entscheidungsphase).

Ich will, ich kann, ich werde mich ändern – jetzt!

Kapitel 15 – *Veränderung unterstützen* – bietet Ihnen und den Klienten Übungen und Ideen zur Aufrechterhaltung der Veränderungen und zur Wiederaufnahme der Motivation, falls Rückfälle aufgetreten sind (Handlungsphase, (erneute) Rückfallphase und Phase der Aufrechterhaltung).

Schließlich gleichen sich alle, mit denen Sie arbeiten, dahingehend, dass sie Schwankungen hinsichtlich ihrer Motivation durchmachen. Die Mehrheit wird auf Empathie reagieren, ebenso wie auf die vorsichtige Lenkung der Aufmerksamkeit auf die Widersprüche zwischen langfristigen Zielen und kurzfristigem Verhalten, die Vermeidung von Auseinandersetzungen und die Unterstützung von Selbstvertrauen und Eigenverantwortung.

Kapitel 16 – *Alles zusammenfügen: Fertigkeiten weiterentwickeln* – wird Ihnen helfen, die Prinzipien der Motivierenden Gesprächsführung in Ihrer täglichen Arbeit weiterzuentwickeln, sodass Sie auf eine Vielzahl von verschiedenen Situationen mit mehr Vertrauen und mehr Geschick motivierend reagieren können.

3.1 Lernen und verschiedene Lernstile

Dieses Buch wurde entwickelt, um den Bedürfnissen verschiedener Leser und verschiedener Klienten gerecht zu werden. Kolb (1984) stellte fest, dass der Mensch am effektivsten lernt, wenn er

(1) Beispiele aus dem »Hier und Jetzt« verwendet,

(2) sich auf eigene Erfahrungen bezieht,

(3) beim Lernen eine Situation auf eine andere, bereits vorhandene Situation bezieht und sich auf allgemeine Grundsätze stützt und

(4) das Lernen plant und einübt.

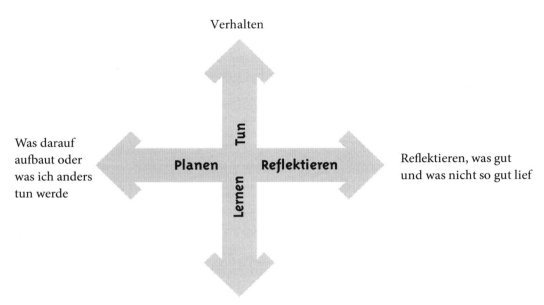

Verhalten

Was darauf aufbaut oder was ich anders tun werde

Tun

Planen **Reflektieren**

Lernen

Reflektieren, was gut und was nicht so gut lief

Was gelernt wurde

Honey und Mumford (1986) haben weiter festgestellt, dass Menschen verschiedene Präferenzen haben, was den Beginn des Lernkreislaufs angeht. Möglich sind vier verschiedene Punkte, um zuerst

(1) die Theorie zu verstehen (»Theoretiker«) oder

(2) herauszufinden, inwieweit der Lerninhalt praxisbezogen ist (»Pragmatiker«) oder

(3) neue Erfahrungen zu machen (»Aktivist«) oder

(4) existierende Erfahrungen zu reflektieren (»Nachdenker«).

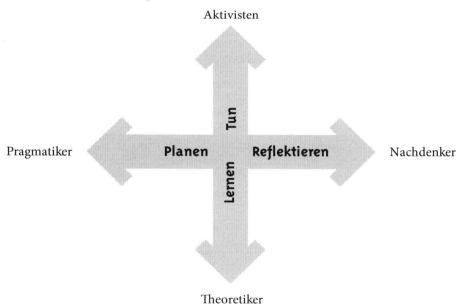

Aktivisten

Pragmatiker

Tun

Planen **Reflektieren**

Lernen

Nachdenker

Theoretiker

Der vorliegende Therapie-Tools-Band umfasst alle Aspekte des erfahrungsbasierten Lernzyklus und berücksichtigt unterschiedliche Präferenzen für dessen Beginn.

▶ Man kann ihn lesen, um über bereits bestehende Erfahrungen nachzudenken.

▶ Er kann verwendet werden, um mehr über die Forschung und das theoretische Verständnis zu erfahren und um Verbindungen Ihrer Arbeit herzustellen.

▶ Er kann ebenso verwendet werden, um zu planen, wie Sie Ihre bisherigen Vorgehensweisen verändern.

▶ Er eignet sich dazu, um eine Übung als Reaktion auf ein bestimmtes Thema auszuwählen.

Um Ihre motivierenden Fähigkeiten zu entwickeln, kann es hilfreich sein, herauszufinden, wie Sie selbst am besten lernen und wie das Ihre Kommunikation bei der Arbeit mit Klienten, die vielleicht andere Lernstile bevorzugen, beeinflusst. Mit etwas Übung können Sie Ihren Umgang mit den Lerngewohnheiten, die Ihnen in der Regel nicht entgegenkommen, verbessern, um den Lernbedürfnissen derer, mit denen Sie arbeiten, wirkungsvoller zu begegnen (s. Honey & Mumford, 1986).

▶ Der *Stil des Aktivisten* ist sehr hilfreich bei der Arbeit in der in der Handlungsphase.

▶ Der *Stil des Nachdenkers* ist während der Präkontemplationsphase und der frühen Kontemplationsphase von Nutzen, um Klienten dazu zu bringen, über ihr derzeitiges Verhalten nachzudenken. Auch bei Rückfällen kann es hilfreich sein, um Klienten zu helfen, herauszufinden, was beim letzten Mal, als sie eine Veränderung durchlaufen haben, gut gelaufen ist und was schief gegangen ist.

▶ Der *Stil des Theoretikers* ist in der Kontemplationsphase nützlich, um Klienten in die Lage zu versetzen, Gründe für die Veränderung zu finden und Verbindungen zwischen ihren Verhaltensweisen herzustellen.

▶ Der *Stil des Pragmatikers* ist in der Entscheidungsphase hilfreich, um Pläne zur Verhaltensänderung zu machen. In der Phase der Aufrechterhaltung kann er dabei helfen, neue Verhaltensweisen zu explorieren.

3.2 Bevorzugte Sinne

Ein weiterer wichtiger Aspekt ist die unterschiedliche Präferenz in der Verwendung von Sinnen, um die Welt kennenzulernen und zu beschreiben.

▶ **Visuell orientierte Menschen** nehmen Informationen am besten über das Sehen auf. Es hilft ihnen, Dinge aufzuschreiben und sie sozusagen als »Bilder« zu sehen. Sie erinnern sich in Bildern, manche sogar in Farbe und sehr detailgenau. Die Sprache, die sie verwenden, enthält viele Wörter, die sich auf das Sehen beziehen, wie z. B. »Ich sehe, was Sie meinen«, »Das sieht gut aus«, »Ich sehe es vor mir«. Spricht man mit ihnen in einer visuellen Sprache, hilft das beim Aufbau von Rapport. Bei ausgiebigen verbalen Erklärungen schalten sie einfach ab. Daher gibt es in diesem Buch zahlreiche Bilder. Die schriftlichen Übungen in ausgefüllter Form erlauben dem Klienten einen »Blick« auf seine Situation. Erst wenn er etwas aufschreibt, wird es für ihn wirklich greifbar.

▶ **Auditiv orientierte Menschen** nehmen Informationen am besten durch das Hören auf. Sie entwickeln ihre Ideen meist, indem sie mit anderen darüber reden. Im Gegensatz zu einigen visuell orientierten Menschen sprechen sie häufig auf »traditionelle« Gesprächstherapien gut an. Sie verwenden »auditive Sprache«, z. B. »Ich höre, was Sie sagen«, »Das ist Musik in meinen Ohren«, »Das klingt gut«. Spricht man mit ihnen auf diese Art und Weise, hilft das beim Aufbau von Rapport. Bei Übungen auf Papier oder mithilfe von Arbeitsblättern verlieren sie schnell ihre Motivation. Manche können in ihren Gedanken gar keine oder nur unscharfe Bilder formen. Dieses Buch beinhaltet viele Beispiele für Fertigkeiten, die Sie verbal vermitteln können. Für eine auditiv veranlagte Person ist etwas erst dann wirklich vorhanden, wenn es laut ausgesprochen wird.

▶ **Kinästhetisch (auf den Fühlsinn) veranlagte Menschen** nehmen Informationen am besten mit ihren physischen Sinnen auf, indem sie erfahren, wie sich etwas anfühlt. Es ist fast, als gäbe es eine Prägung der körperlichen Aktivität oder des sinnlichen Erlebens in ihrem Gehirn, infolgedessen sie Handlungen »nach Gefühl« bzw. intuitiv ausführen. Z. B.: Wie fühlt es sich an zu rauchen, in der Lunge, in der Nase? Kinästhetisch veranlagte Menschen beziehen sich außerdem auf Emotionen. Ihr Gefühl ist wesentlich an der Entscheidung, was sie tun, beteiligt. Kinästhetisch veranlagte Menschen verwenden Sprache, die auf das Fühlen Bezug nimmt, wie »In den Griff kriegen« oder »Das fühlt sich gut an«. Die Verwendung einer entsprechenden Sprache hilft beim Herstellen von Rapport. In diesem Buch werden Aktivitäten vorgeschlagen, die unternommen werden können, um passende Lernerfahrungen zu vermitteln. Ebenso werden Fertigkeiten vermittelt, mit denen Gefühle hervorgelockt und mit ihnen gearbeitet werden kann. Was eine kinästhetisch veranlagte Person fühlt, ist für sie auch Wirklichkeit.

Die meisten Menschen lernen neue Dinge am besten, wenn sie eine Kombination von Sinnen einsetzen. Ihr dominanter Sinn wird dann von den anderen unterstützt. Trotzdem wird eine visuell veranlagte Person Probleme bekommen, wenn sie ohne jede visuelle Hilfe arbeiten soll. Das Gleiche gilt für auditiv und kinästhetisch veranlagte Menschen. Es sollte in Ihrer Praxis also darauf geachtet werden, sicherzustellen, dass bei jeder Übung mehrere Sinne angesprochen werden. Wenn Sie den präferierten Sinn des Klienten herausgefunden haben, können Sie den Rapport verbessern, indem Sie die Kommunikation rund um diesen Sinn aufbauen.

3.3 Anpassung der Übungen an individuelle Anforderungen

Es gibt viele weitere Unterschiede zwischen Ihren Klienten. Die folgende Abbildung illustriert einige davon.

Jeder hat einen Platz in *jedem* Feld. Eine ältere, heterosexuelle Frau nimmt die Welt sehr viel anders wahr als eine jüngere, homosexuelle Frau. In jedem dieser Bereiche kann es möglicherweise hilfreich sein,
► die Metaphorik so zu verändern, dass sie Geschlecht, Glauben etc. des Klienten widerspiegeln,
► verbale Beispiele so zu verändern, dass sie sexuelle Orientierung, Sprache, Alter etc. widerspiegeln,
► Übungen, die Bilder, verbale Äußerungen bzw. Zuhören oder Bewegung bzw. Berührung beinhalten, so anzupassen, dass sie die sensorischen Fähigkeiten und Vorlieben des jeweiligen Klienten berücksichtigen,
► Ihre Kommunikation anzupassen, um auf verschiedene Arten des Verstehens reagieren zu können,
► sich kultureller Erwartungen, die dazu notwendig sind, dass der Klient sich wohl fühlt, bewusst zu sein sowie
► professionelle Dolmetscher oder Betreuer hinzuzuziehen, wo es erforderlich ist.

3.4 Anmerkungen zu den Übungen

Die Übungen für die Therapeuten und für die Klienten sind entworfen worden, um einer großen Bandbreite von Therapiestilen und äußeren Umständen gerecht zu werden. Sie können innerhalb des Therapie-Tools leicht gefunden werden, indem man nach dem entsprechenden Symbol in der oberen Ecke sucht (**T** / **K** = Therapeut / Klient). Die Übungen können an die unterschiedlichen Anforderungen Ihrer eigenen Praxis oder Organisation und verschiedener Klienten, Patienten, Coachees etc. angepasst werden, indem man Wortlaut und Metaphorik verändert oder die Inhalte mit den Klienten auf die jeweils angemessene Art bespricht.

Die folgenden drei Arbeitsblätter beinhalten Beispiele und Bezüge, um zu ermitteln, wie Sie Übungen an Ihre Arbeit anpassen können.

AB 1 befasst sich damit, wie man die Sprache für Klienten mit einem Lesealter unter 11 anpasst. Möglicherweise möchten Sie die Sprache auf diese Weise verändern, wenn Sie mit jüngeren Klienten oder Klienten mit geringen Basisfähigkeiten arbeiten. Das Endresultat wird in jedem dieser Fälle anders ausfallen.

Ein erheblicher Anteil der Erwachsenen, die durch die Strafrechtspflege betreut werden, haben Schwierigkeiten, eine komplexe Sprache zu verstehen, trotzdem setzen die meisten der dort eingesetzten Materialien ein recht hohes Maß an Verständnis voraus. Viele Menschen in Organisationen, Unternehmen, Praxen etc. verwenden fachspezifischen Jargon und Abkürzungen, die Menschen außerhalb ihrer Organisation, ihrem Unternehmen oder ihrer Praxis nicht verstehen. Wie sehr trifft das auch auf Ihre Organisation bzw. Ihre Praxis zu?

AB 2 kann verwendet werden, um sich den bisherigen Vorgehensweisen in Bezug auf die unterschiedlichen Bedürfnisse der Klienten bewusst zu werden oder um die Ansätze zu notieren, die bei anderen Klienten bereits funktioniert haben.

AB 3 soll Ihnen helfen, Ihre eigenen Therapiemethoden einmal genau in den Blick zu nehmen. Dabei wird Bezug genommen auf zwei Klienten mit sehr unterschiedlichen Bedürfnissen.

Sie werden aufgefordert,

▶ zu planen, wie Sie auf diese Bedürfnisse reagieren (pragmatischer Stil),

▶ dies in die Praxis umzusetzen (Aktionsstil),

▶ darüber nachzudenken, was gut und was weniger gut funktioniert hat (nachdenkender Stil),

▶ herauszufinden, was Sie aus dieser Erfahrung gelernt haben (theoretischer Stil).

Vielleicht möchten Sie diese Übung erst später machen und im Laufe der Zeit darauf zurückkommen, wenn Sie jemandem bei der Veränderung helfen.

Sie können die Übungen anpassen, indem Sie sich selbst mehr Raum für eigene Ideen geben oder die Arbeit, die Sie bisher geleistet haben, darin reflektieren.

Die Botschaft vermitteln

Achten Sie darauf, wie Sie Fachjargon oder komplexe Sprache bei Ihrer Arbeit verwenden und überlegen Sie, wie Sie die gleichen Dinge im Alltag ausdrücken würden. Wo Sie Wörter mit drei oder mehr Silben verwenden möchten, ist es manchmal hilfreich, der Einführung des neuen Wortes eine einfache Erklärung voranzustellen. Am Anfang sind einige Beispiele zu finden.

Beispiele für technische / komplexe Wörter	Beispiele für die alltägliche Verwendung
motivierend	ich möchte, ich kann, ich werde
Konsequenzen voraussehen	vorausdenken und sich selbst fragen, was wohl passieren wird
verschiedene Perspektiven	Dinge vom Standpunkt eines anderen Menschen sehen
Ambivalenz	Zwiespalt; gemischte Gefühle, Unsicherheit
Diskrepanz fördern	jemandem dabei helfen, den Unterschied zwischen dem, was der gerade tut und dem, was er im Leben erreichen möchte, zu erkennen
Selbstwirksamkeit	glauben, dass ich es kann
Präkontemplation	(noch) nicht daran denken
Kontemplation	daran denken

Beispiele für technische / komplexe Wörter	Beispiele für die alltägliche Verwendung

AB 2 /

Umgang mit unterschiedlichen Bedürfnissen

Verwenden Sie die Tabelle unten, um Ihre aktuellen methodischen Stärken bei der Reaktion auf die unterschiedlichen Bedürfnisse derer, mit denen Sie arbeiten, zu identifizieren. Beachten Sie, wie Sie ihre Fähigkeiten sinnvoll weiterentwickeln können.

Jeweilige Anforderung	Existierende Stärken und Ressourcen »Ich verwende bereits ...«	Tipps für die weitere Arbeit
Arbeit mit einem Legastheniker	▶ Schriftgröße 12 oder größer ▶ Schriftart Arial oder Comic Sans ▶ kurze Sätze ▶ Aufzählungspunkte	▶ herausfinden, was bisherige Klienten am hilfreichsten gefunden haben ▶ Abkürzungen vermeiden ▶ **Fettdruck** verwenden anstatt <u>Unterstreichung</u> ▶ wenn relevant, Lieblingsfarbe des Klienten herausfinden und passendes farbiges Papier verwenden

AB 3 /

Die Praxis der Reflexion

1 — Beschreiben Sie die Bedürfnisse von zwei sehr unterschiedlichen Klienten.

----

2 — Wie werden Sie Ihre Vorgehensweise und Materialien anpassen, um den unterschiedlichen Bedürfnissen gerecht zu werden?

Durch _____

----

3 — Wenn Sie die Methoden und Materialien ausprobiert haben, beschreiben Sie, was gut gelaufen ist:

----

4 — Beschreiben Sie auch, was nicht so gut gelaufen ist:

----

5 — Was haben Sie daraus gelernt?

---

6 — Was machen Sie beim nächsten Mal anders?

Zusammenfassung

Ein motivierender Ansatz ist im Wesentlichen auf die Personen, mit denen Sie arbeiten, ausgerichtet und wird an sie angepasst.

»One size does not fit all.«

KAPITEL 4 /

Rapport herstellen und Vereinbarungen treffen

Im ersten Teil dieses Kapitels wird untersucht, inwieweit Rapport bzw. ein harmonisches Verhältnis zwischen zwei Menschen für eine gute Kommunikation entscheidend ist. Der zweite Teil konzentriert sich darauf, klare Vereinbarungen zu treffen, die der gesamten künftigen Kommunikation ein Ziel geben.

> Ohne eine gute Beziehung kann man auf niemanden einwirken.

Man kann eine respektvolle Beziehung zu einem Menschen aufbauen, die eine gute Kommunikation ermöglicht, ohne dass man mit dessen Entscheidungen einverstanden sein muss. Viele Menschen tun das bereits unbewusst, aber es gibt bestimmte Fähigkeiten, die den Aufbau von Rapport weiter erleichtern können. Sie verwenden möglicherweise bereits viele davon, aber es lohnt sich dennoch, dass man sie sich vergegenwärtigt. So kann man an einigen noch arbeiten, die in der Arbeit beim Aufbau von Rapport besonders gut zu funktionieren scheinen.
Die Botschaft für den Therapeuten wie für den Klienten ist: Verbessern Sie Ihre Möglichkeiten, etwas zu erreichen, indem Sie Ihr Verhaltensrepertoire vergrößern.
Man weiß instinktiv, wenn man eine gute Beziehung zu jemand anderem aufgebaut hat. Folgende Bezeichnungen fallen einem selbst dann vielleicht dazu ein:

▶ Im Kontakt stehen   ▶ Etwas mit den Augen des anderen sehen   ▶ Auf der gleichen Wellenlänge sein

Ohne Rapport ist Kommunikation schwerfällig und voller Missverständnisse.
Sie wissen sicherlich, dass man zu manchen Menschen schneller und leichter Rapport aufbauen kann als zu anderen. Bei einigen ist es sogar harte Arbeit, überhaupt auf eine Beziehungsebene zu kommen. Sie selbst haben eine Auswahl an sozialen Fähigkeiten zur Verfügung, aber einige Klienten haben möglicherweise nur sehr begrenzte soziale Kompetenzen. Andere können vielleicht gut(e) Beziehungen zu einem bestimmten Typ Mensch aufbauen, verfügen aber nicht über besonders vie-

le verschiedene Kompetenzen, um auch mit anderen Menschen auf einen gemeinsamen Nenner zu kommen. Die Verantwortung für den Aufbau von Beziehungen liegt daher in erster Linie beim Therapeuten, die Verantwortung, bestimmte Entscheidungen zur Veränderung zu treffen, beim Klienten. Viele der im Folgenden aufgeführten Ideen entstammen der Neurolinguistischen Programmierung (NLP, Laborde, 1987), die klare Erklärungen bietet für das, was in Interaktionen geschieht und lehrt, wie wir uns bewusst nützliche Verhaltensweisen aneignen können.

4.1 Wissen und Fähigkeiten für Rapport

(1) Die Person wertschätzen, auch wenn das Verhalten nicht wertgeschätzt werden kann
(2) Rapport als Prozess verstehen
(3) Den Kommunikations-Kreislauf kennen
(4) Angemessen angepasste Verhaltensweisen an den Tag legen
(5) Die Dynamik des Rapports verstehen
(6) Wissen, wie man Körpersprache verstehen und für die Kommunikation nutzen kann (s. Kap. 7)
(7) Gute Fähigkeiten zum Zuhören zeigen (s. Kap. 7)
(8) Auf wichtige Themen des Klienten richtig reagieren und darauf Bezug nehmen (Kap. 8)

Die Person wertschätzen, auch wenn das Verhalten nicht wertgeschätzt werden kann

Ihre eigenen Fähigkeiten reichen manchmal möglicherweise nicht aus. Die Herstellung von Rapport kann schon unmöglich sein, lange bevor Sie die Person, mit der Sie arbeiten möchten, zu sehen bekommen. Ist die Überweisung vom Hausarzt bereits nicht unbedingt höflich und die Klientenbeschreibung nicht deutlich genug umrissen, kann das Widerstände auslösen, die möglicherweise durch einen unglücklichen Empfang beim ersten Besuch Ihrer Praxis noch verstärkt werden können. Sie haben vermutlich bereits den Ärger am eigenen Leib erlebt, der entsteht, wenn sich Bürokratie und Unhöflichkeit zwischen Sie und die Behandlung, die Sie durchführen möchten, drängen. Die Wertschätzung eines Klienten beginnt mit dem ersten Kontakt und drückt sich auch darin aus, wie andere Mitarbeiter Ihrer Praxis oder Ihrer Institution mit dem Klienten umgehen.

Rapport als Prozess verstehen

▶ Der Grad an Rapport wird variieren, je nach Grund des jeweiligen Treffens und danach, wie gut Sie mit dem jeweiligen Klienten kommunizieren können.
▶ Verschiedene Grade an Rapport können für verschiedene Situationen angemessen sein.
▶ Bei jedem Gespräch und jeder Interaktion kann der Grad an Rapport sowohl rauf- als auch runtergehen.
▶ Wenn Rapport kaum oder nicht vorhanden ist, muss man sich darauf konzentrieren, ihn wieder aufzubauen (durch Zuhören, Spiegeln und Körpersprache) und kann nicht einfach mit der Tagesordnung fortfahren.

Den Kreislauf der Kommunikation kennen

Bevor wir uns detailliert damit beschäftigen, wie Rapport funktioniert, ist es hilfreich, die Prozesse zu betrachten, die ablaufen, wenn zwei Menschen miteinander kommunizieren.

Der Kreislauf der Kommunikation

(1) Avril verhält sich auf eine bestimmte Art und Weise (vielleicht dreht sie ihren Kopf in Bills Richtung).

(2) Wenn Bill ihr Verhalten zur Kenntnis nimmt, entwickelt er in seinem Kopf eine innere Reaktion darauf (Bild, Gedanken etc.).

(3) Diese innere Reaktion führt dazu, dass Bill ein nach außen gerichtetes Verhalten zeigt (vielleicht lächelt er), das dann wiederum von Avril wahrgenommen wird.

(4) Sie entwickelt selbst eine innere Reaktion und zeigt ein neues, nach außen gerichtetes Verhalten (vielleicht winkt sie mit der Hand), das Bill sieht – und so weiter …

Einige Arten von nach außen gerichtetem Verhalten und inneren Reaktionen sind hier zur Veranschaulichung aufgeführt.

Innere Reaktionen	Nach außen gerichtetes Verhalten
Gedanken, Gefühle, Bilder, Worte, Klänge, Erwartungen, Erinnerungen, Gefühle.	Körperhaltung, Gestik, Gesichtsausdrücke, Blicke, Stimme, Berührungen, Kleidung.

Die Reaktion, die Sie auf Ihre nach außen gerichteten Verhaltensweisen erhalten, liefert ihnen einen Hinweis darauf, was diese für die andere Person bedeuten. Die Bedeutung kann die gleiche sein, die Sie beabsichtigt hatten – oder auch nicht.

Es ist relativ leicht, einer anderen Person die Schuld zu geben, wenn die Zusammenarbeit nicht erfolgreich ist. Vieles hängt von der Interpretation des eigenen Verhaltens durch die andere Person ab. Nur durch direktes Nachfragen können Sie herausfinden, wie Ihr Verhalten auf andere Menschen wirkt.

Die eigentlich einfache Kommunikation in der Abbildung läuft vielleicht ganz anders ab, Avril denkt vielleicht: »Warum grinst er so und versucht, mich anzuquatschen?« Dieses würde zu einem anderen Verhalten führen: Sie kehrt Bill den Rücken zu.

Die Bedeutung ihrer Kommunikation erkennen Sie erst durch die Reaktion, die Sie darauf erhalten – die vielleicht anders ausfällt, als Sie es sich erhofft haben.

Sie können nicht wissen, wie Ihre gut gemeinte Kommunikation von jemand anderem aufgenommen wird, es sei denn, Sie beobachten die Reaktion, die Sie erhalten, genau.

Der Einfluss des Therapeuten auf die Reaktion des Klienten
Man kann andere nicht verändern, aber man kann das eigene Vorgehen ändern, um eine andere Reaktion zu erhalten.

Der Einfluss des Therapeuten auf die Reaktion des Klienten. Als Therapeut liegt es in Ihrer Verantwortung, Augen und Ohren offen zu halten, um zu bemerken, wenn die Reaktion, die Sie erhalten, nicht Ihren Intentionen entspricht. Wenn das geschieht, *ist dies eine wichtige Information über die Wirkung Ihres Vorgehens*. Sie können dann entweder Ihr Vorgehen ändern oder erkunden, warum eine andere Botschaft als die intendierte angekommen ist und so mehr über Ihren Klienten herausfinden. Tun Sie letzteres, ändern Sie im Prinzip natürlich auch Ihr Vorgehen. Wenn Sie Ihr ursprüngliches Vorgehen aber (manchmal noch verstärkt) fortführen, werden Sie wahrscheinlich immer wieder die gleiche oder eine noch stärkere Reaktion von Ihrem Klienten erhalten. Es ist zu einfach, dann den Klienten schlicht als »verständnislos« abzustempeln. Die Situation ist für Sie beide festgefahren.

Das Wissen um die Interpretation Ihres Verhaltens, die den Klienten erreicht hat, erlaubt es Ihnen, verschiedene andere Vorgehensweisen und Taktiken anzuwenden, um letztendlich zu vermitteln, was Sie beabsichtigt haben. Diese Herangehensweise kommt vor allem denjenigen entgegen, die über ein größeres Repertoire an Verhaltensweisen verfügen. Aber sie bewahrt auch die Integrität des Klienten, der die Kontrolle und die Verantwortung für seine eigenen Reaktionen beibehält. Wenn das, was Sie tun, nicht wie gewünscht funktioniert, versuchen Sie etwas anderes. Dieses Buch bietet Ihnen viele verschiedene Fähigkeiten und Strategien, die Sie ausprobieren können.

Wenn das, was Sie tun, nicht funktioniert, tun Sie etwas anderes.

Verwendung von angemessen angepassten Verhaltensweisen

Die ersten Stufen von Rapport sind mit einer Anpassung an den Gesprächspartner verbunden. Das ist nicht das Gleiche wie der Versuch, jemanden nachzuahmen oder gar nachzuäffen. Rapport entsteht zwar auf natürliche Weise, aber wir können unsere Fertigkeiten, diesen aufzubauen, verbessern, wenn wir auf Übereinstimmungen zwischen uns und den Klienten achten. Oft stimmen anfangs nur ein oder zwei Bereiche überein, das könnte beispielsweise die Körperhaltung oder der Bewegungsrhythmus sein.

Ein Händeschütteln ist ein gutes Beispiel für beide Bereiche.

Im Folgenden werden einige Beispiele für Anpassungen bzw. Angleichungen gegeben:

Übereinstimmung der Körpersprache	Übereinstimmung im Rhythmus
Haltung	Atmung
▶ spiegelnd	▶ flach und schnell
Stimme	▶ tief und langsam
▶ Lautstärke	Bewegungen
▶ Tonlage	▶ Ausmaß
	▶ Rhythmus (synchronisieren, nicht kopieren)
Übereinstimmung des Lernstils	**Übereinstimmung der Sprache**
▶ aktiv/reflektierend	▶ Grundfähigkeiten
▶ visuell	▶ Vokabular
▶ auditiv	▶ visuelle Worte, auditive Worte, kinästhetische Worte
▶ handelnd	
▶ organisiert / umfassend	
▶ Grundfähigkeiten	
Übereinstimmung der Ergebnisse	**Übereinstimmung der Ergebnisse**
▶ Über welche Ergebnisse, die die Therapie erreichen soll, sind wir uns einig?	▶ zusammen Fortschritte im gleichen Raum machen
▶ Über welche Ergebnisse sind wir uns nicht einig, möchten dies aber im nächsten Schritt erreichen (z. B. will der Klient auf jeden Fall von den Drogen loskommen, möchte sich aber nicht selbst anzeigen)?	▶ vermeiden, den gleichen Raum einnehmen zu wollen, – indem man im 45° Winkel zueinander sitzt und – sich nicht gegenüber sitzt und über den Schreibtisch hinweg anstarrt.

(von Phil Taylor und Linda Gast)

Einfache angepasste Verhaltensweisen. Die Anpassung von Verhaltensweisen kann den Rapport verbessern. Auf einer einfachen Ebene kann das bedeuten, dass Sie eine ähnliche Haltung einnehmen wie der Klient, der Ihnen gerade gegenübersitzt. Das passiert häufig von selbst. Aber bei einem sehr anspruchsvollen und tiefgehenden Gespräch möchten Sie womöglich nicht alles, was beschrieben wird, anpassen oder verstärken. Zum Beispiel werden Sie sich an die wütende Gestik und Körperhaltung eines verärgerten Klienten nicht anpassen wollen.

Auch damit eine Auseinandersetzung stattfinden kann, müssen zwei Menschen in ihren Verhaltensweisen übereinstimmen. Ein Blick auf einen beliebigen Konflikt im Fernsehen zeigt, dass die Protagonisten bemerkenswert ähnliche Verhaltensweisen zeigen. Wenn einer von beiden ein völlig anderes Verhalten zeigen würde, wäre es schwierig, einen Konflikt aufzubauen. Stellen Sie sich vor, dass sich mitten in einem Boxkampf einer der beiden Boxer hinsetzt und anfängt, eine Nachricht an den anderen aufzuschreiben! Ähnliche Verhaltensweisen tendieren also dazu, Stimmungen und Handlungen zu verstärken.

Übereinstimmung im Rhythmus. Es scheint eine entscheidende Fähigkeit für Therapeuten zu sein, Übereinstimmung bei natürlichen Bewegungsrhythmen herzustellen, sodass Sie buchstäblich Ihre Körpersprache mit der des anderen harmonisieren. Führen Sie folgendes Experiment mit einem guten Freund durch: Versuchen Sie, bewusst einen unharmonischen Rhythmus zu etablieren, und Sie können dabei zusehen, wie das Gespräch ins Trudeln gerät oder wie sich gar Ärger entwickelt. Unsere Angewohnheit, als Therapeut oder Berater in einer Sitzung einem festgelegten Ablauf zu folgen, erzeugt oft einen Rhythmus in unserer eigenen Körpersprache, der unbewusst den Rhythmus der Person, um deren Verständnis wir uns bemühen, bekämpft.

Übereinstimmung der Ergebnisse. Eine andere wesentliche Übereinstimmung sind die übereinstimmenden Ergebnisse. Was erwarten Sie beide von der Therapie? Ihre Pläne mögen zunächst unvereinbar erscheinen, aber auf einer bestimmten Ebene wollen Sie beide vielleicht doch das Gleiche. Zum Beispiel könnten Sie beide ganz allgemein ein besseres Leben für den Klienten anstreben. Die Exploration von langfristigen Ergebnissen für den Klienten ist das Herzstück der Motivierenden Gesprächsführung, und auf den folgenden Seiten wird beschrieben, wie dies erreicht werden kann, ohne den Klienten zu manipulieren. Wenn man ihn manipuliert oder Machtmittel einsetzt, um ihn dazu zu bringen, mit Ihnen übereinzustimmen, wird er die Therapie vermutlich nicht weiterführen und wieder in alte Verhaltensmuster zurückfallen.

Ebenso wichtig wie eine Übereinstimmung bezüglich der Therapieziele ist ein klares und offenes Verständnis dafür, was der Grund für die Behandlung ist und wie genau diese aussehen wird. Davon wird im weiteren Kapitel noch die Rede sein.

Anpassen, Pacing und Leading. Sie können sich in Ihrem Verhalten in einer Weise anpassen, in der man Rapport aufbauen kann und den Klienten allmählich in einen anderen Zustand führen kann, mit dem leichter umzugehen ist. Wenn jemand wütend ist, können Sie sich vielleicht an die Energie des Klienten mit einer erhöhten Intensität Ihres Zuhörens anpassen. Eine genaue Anpassung der Körperhaltung würde die Stimmung Ihres Klienten unter Umständen noch weiter verschlechtern, er würde wahrscheinlich noch wütender oder depressiver werden. Das Gleiche passiert auch mit Hooligans im Fußballsport, wenn sie außer Kontrolle geraten. Jeder passt sich an das Verhalten des anderen an und das Ganze addiert sich zu einem Gewaltausbruch.

Genauso kann man Menschen aber in einen Zustand führen, in dem sie ihr Verhalten reflektieren und daraus lernen können. In einer angespannten Situation kann man die Energie möglicherweise aufnehmen, indem man in einer zurückhaltenden Haltung intensiv zuhört. Dann kann durch schrittweise Entspannung Ihrer Haltung, unter Beibehaltung des Rapports, auch der Klient in einen entspannteren Zustand geleitet werden, in dem seine Schwierigkeiten besser unter die Lupe genommen werden können.

Aktives Zuhören, Einfühlungsvermögen, offene Fragen und *Bestätigen* tragen zur Verbesserung von Rapport bei und helfen dem Klienten, Zugang zu jenem Teil seiner selbst zu erlangen, in dem seine Probleme sinnvoll erkundet werden können. Das kann einige Zeit dauern, vielleicht sogar mehrere Sitzungen, aber sobald eine harmonische Beziehung hergestellt ist, kann es zu einem allmählichen Anleiten zum Übergang in einen neuen Zustand kommen.

Ihre Reaktionen auf das, was Ihnen der Klient mitteilt, können wohlüberlegt und strategisch richtig sein, aber wenn sie nicht authentisch sind, äußert sich das in Ihrem Bewegungsrhythmus und in Ihrer Körpersprache. Der Rapport kann sich verschlechtern. Gut überlegte, authentische Reaktionen und Körpersprache können dem Klienten Raum und Gelegenheit bieten, so zu reagieren und sich zu verhalten, dass ihm der Zugang zu seinen eigenen Ressourcen leichtfällt.

Anpassen
Bewegungen spiegeln,
ähnlicher Modus,
ähnlicher Lernstil

Pacing
auf der gleichen Ebene sein durch
Anpassung und Synchronisation,
Übereinstimmung in Bezug auf
einige Ziele

Leading
allmählich in einen anderen
Zustand überführen

Und das führt zu ...
neuem Rapport, um an alten
Verhaltensmustern zu arbeiten

Die Dynamik des Rapports verstehen

Der Grad an Rapport muss dem jeweiligen Anlass angemessen sein. Bei jeder Begegnung schwankt der Grad an Rapport hin und her, je nachdem, wie die Begegnung verläuft.

Rapport ist wie ein Tanz, bei dem sich die Partner permanent bewegen und jeder auf den anderen reagiert, manchmal geht man mit dem anderen mit (Pacing) und manchmal führt man ihn (Leading).

Normalerweise beginnt eine Begegnung auf einer niedrigeren Stufe des Rapports, dieser kann dann je nach Verlauf der Begegnung steigen. Herrscht eine Bekanntschaft oder sogar Freundschaft zum Klienten vor, kann der Rapport sehr hoch sein, auch wenn man sich prinzipiell auf einer »Arbeitsebene« befindet.

Ebenso wichtig ist es, den Rapport in der Schlussphase der Therapie oder Beratung so weit abzukühlen, dass man sich trennen kann, ohne dass einer »in der Luft hängt«.

In der Realität, besonders beim Arbeiten in anspruchsvollen und schwierigen Bereichen, geht der Rapport manchmal plötzlich in der Mitte des Gesprächs verloren. Wenn Sie dies bemerken, hilft es, Ihre Aufmerksamkeit dem erneuten Aufbau von Rapport zu widmen, anstatt mit dem geplanten Ablauf der Sitzung fortzufahren.

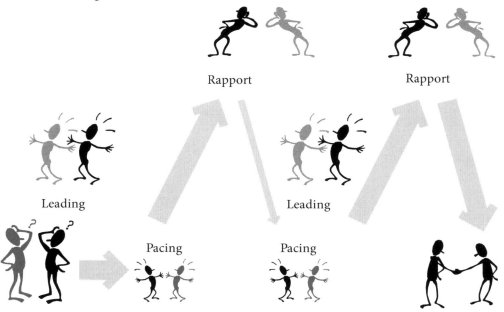

Treffen ⟶ Rapport aufbauen ⟶ Rapport verlieren ⟶ Rapport erneut aufbauen ⟶ Sich trennen

AB 4 /

Optimale Bedingungen für Rapport

Überlegen Sie, wie und wo Sie sich mit Ihren Klienten treffen, orientieren Sie sich dabei an den folgenden Ausführungen. Notieren Sie Hochs und Tiefs, und was vielleicht anders gemacht werden kann.

Aktion	Hinderlich für Rapport	Fördert Rapport
erste Empfehlung		
Briefe und Termine		
Empfang		
Möblierung des Raums, Dekorationen, Poster, etc.		
Raumaufteilung (Sitzposition: über einen Schreibtisch hinweg oder nebeneinander?)		
zur Verfügung stehende Zeit		
Ablenkung des Therapeuten		
klare Vereinbarungen		
Erfolgsdruck des Therapeuten (Ihre Ablaufpläne)		
bewusste Wahrnehmung der Reaktionen des Klienten		
Anteil der Sitzungen, in denen der Therapeut zuhörte		
Spiegeln und offene Fragen stellen		
Anpassungs-, Abgleichungs- und Führungsqualitäten		
Beendigung des Gesprächs		
Verabredung des nächsten Termins		
andere Faktoren:		

AB 5 /

Anpassen, Pacing und Leading

Zweck dieser Übung ist es, ein stärkeres Bewusstsein dafür zu entwickeln, wie das eigene Verhalten das Verhalten anderer beeinflussen kann. Notieren Sie sich die Verhaltensweisen, die gute Bedingungen fördern, sowohl hinsichtlich des Arbeitsumfeldes als auch hinsichtlich der Klienten.

Die Übung

Schaffen Sie Gelegenheiten, die im Folgenden aufgeführten Arten von Interaktionen zu beobachten. Sie können in Ihrer Praxis oder in Ihrem täglichen Leben auftauchen. Möglicherweise müssen Sie die Erlaubnis von denen, die Sie beobachten, einholen. Sie sollten darüber hinaus zustimmen, Ihre Erkenntnisse mit den Beobachteten zu teilen. Vielleicht machen Sie das zu einer Art regelmäßigen Training: Wo es möglich ist, untersuchen Sie, was Sie mit Ihrer Erfahrung beobachtet haben.

Notieren sie, was Sie hören und sehen, das die Beziehung hemmt oder fördert, wenn

▶ zwei Personen sich begrüßen,

▶ zwei Personen ein Geschäft erfolgreich abschließen,

▶ zwei Personen im offenen Widerspruch oder auf Kriegsfuß miteinander stehen,

▶ über einen gewissen Zeitraum hinweg eine Person eine andere in einen für sie nützlicheren Zustand etwa für ein anstehendes Geschäft zu führen scheint.

Verwenden Sie die folgende Liste, um Ihre Beobachtungen zu unterstützen.

Einige Beobachtungshilfestellungen

▶ Körperhaltung – Spiegelung?

▶ Harmonie der natürlichen Rhythmen? (Sprache, Handbewegungen, Atmung, Kopf, Augen, Füße etc.)

▶ Übereinstimmung in der Energie? (Intensität des Hörens, Verhaltens)

▶ Stimme? (Tonhöhe, Rhythmus, Geschwindigkeit, Lautstärke, Klang)

▶ Augen? (Kontakt, Bewegungen, Gesten)

▶ Ausmaß von Gesten und Bewegungen? (kleine eingeengte Bewegungen oder große, ausladende Gesten, schnell oder langsam)

▶ Kongruenz zwischen dem, was gesagt wird und non-verbalem Verhalten?

▶ Welche Antwort gibt anscheinend jeder dem anderen?

▶ Ist die Antwort am Körper abzulesen? Hände? Gesicht?

AB 6 /

T

Die Macht des Einflusses

Die Übung

Diese Übung ist für Mutige mit einem einzigen Partner, vorzugsweise aber mit einer kleinen Gruppe durchzuführen.

Eine Person erklärt sich bereit, eine kurze Geschichte aus ihrem Leben zu erzählen, von der sie denkt, dass der andere Partner sie gerne hören würde. Wenn die Geschichte beginnt, versucht der Zuhörer, ohne dass der Erzähler davon weiß, den Erzähler durch subtiles, nonverbales Verhalten zu verunsichern. Der Zuhörer könnte etwa Dissonanzen erzeugen oder einen kleinen Rhythmus mit dem Fuß oder der Hand, der nicht zum Rhythmus des Erzählers passt, erzeugen. Die anderen Gruppenmitglieder beobachten. Nach etwa fünf Minuten stoppen Sie das Ganze und fragen den Erzähler, welche Erfahrung er gemacht hat. Dann fragen Sie nach den Beobachtungen der Gruppe.

Der Lerneffekt

Die Erzähler merken oft, was vor sich geht, aber auch dann wird ihre Geschichte auf die eine oder andere Art gestört. Manche können keine zusammenhängende Geschichte mehr erzählen oder kürzen sie ab. Manche sagen sogar, dass die Geschichte »sowieso nicht gut« war. Die ernüchternde Lehre daraus ist, dass selbst wenn man weiß, dass es sich nur um eine Übung handelt, die Fähigkeit, eine Geschichte zu erzählen, vom Verhalten anderer massiv beeinflusst werden kann. Manche übernehmen sogar die Verantwortung für die »langweilige Geschichte«, obwohl die Verunsicherung vollständig das Ergebnis des vorsätzlichen Verhaltens des Zuhörers war. Sie können sich nun vielleicht besser vorstellen, wie Ihr Verhalten Ihre Klienten ermutigen oder eben auch entmutigen kann.

4.2 Klare Vereinbarungen treffen

Rapport allein ist keine ausreichende Voraussetzung für die gemeinsame Arbeit von zwei Personen. Echte Integrität gibt vor allem eine von allen Beteiligten verstandene und akzeptierte Vereinbarung. Diese Vereinbarung hängt ab von einem klaren Verständnis der Autorität, der Rechte und des Zwecks, die jeden Arbeitsschritt untermauern.

Die Motivierende Gesprächsführung verfolgt in dieser Hinsicht ganz bestimmte Absichten.

Erste Absicht
▶ Der Versuch, *Motivation* zur Veränderung zu entwickeln und
▶ etwas Erstrebenswertes sowohl für die Praxis als auch für den Klienten zu erreichen.

Obwohl sich die Motivierende Gesprächsführung auch stark auf die Arbeit von Carl Rogers (1959) stützt, ist sie nicht völlig klientenzentriert. Der Therapeut hat ein klares Ziel, das zu Anfang vom Klienten geteilt werden kann – oder nicht. Der Therapeut versucht in jedem Fall, Veränderungsmotivation in eine Richtung zu erzeugen, die als sozial erstrebenswerter oder gesünder angesehen wird, und zwar sowohl vom Klienten selbst als auch von der Gesellschaft. Der Therapeut oder Berater arbeitet vielleicht sogar für eine Organisation oder eine Institution, die explizite Vorgaben für solche Zielsetzungen bereitstellt.

Langfristige Veränderungen jedoch können Sie nicht verordnen, diese Veränderungen kommen von innen. Die zweite Absicht der Motivierenden Gesprächsführung ist es daher, dem Klienten dabei zu helfen, die Veränderung selbst anzugehen und die Verantwortung für alles, was er über sich selbst sagt, zu übernehmen, inklusive allen damit verbundenen Widersprüchen zwischen seinem aktuellen Verhalten und seinen Werten und Zielen.

Zweite Absicht
Helfen Sie Ihren Klienten, ein »Selbstporträt zu zeichnen«, mit allen Widersprüchen und Ambivalenzen.

Klare Vereinbarungen erkennen die Belange, Rechte und Pflichten jedes Beteiligten an. In Kapitel 1 wird vorgeschlagen, zunächst zu überlegen, wie man denjenigen nennt, mit dem man arbeitet. »Patient«, »Klient«, »Bekannter«, »Täter«, »Student«, »Kollege« implizieren alle eine andere Art von Vereinbarung, mit unterschiedlichen Erwartungen und Grenzen.

Jede Organisation, Institution oder Arbeitsgruppe hat ihre eigenen Erwartungen an »Therapeuten«, »Berater«, »Patienten« oder »Klienten«.

Das Aufsuchen einer Beratungsstelle kann völlig freiwillig sein. Trotzdem werden die Berater dort ihre eigenen Normen und Gewohnheiten haben, die vielleicht mit bestimmten Verhaltensweisen der Klienten nicht übereinstimmen. Was angeboten werden kann und was nicht, ob dies gegen Bezahlung oder kostenlos vonstattengeht, sowie jedwede Zusage von Vertraulichkeit – genau das sind die Bestandteile einer Beratungsvereinbarung.

Ein Straftäter, der sich auf gerichtliche Anordnung hin mit einem Bewährungshelfer trifft, befindet sich dagegen in einer völlig anderen Position. Das Gericht hat definiert, welche Ziele erreicht werden müssen, und es verhängt bestimmte juristische Sanktionen, wenn diese nicht erreicht werden. Die Interessen des Täters müssen hinter dem Interesse der öffentlichen Sicherheit zurückstehen. Therapeuten und andere in helfenden Berufen Tätige können eine professionelle Beziehung irgendwo zwischen diesen beiden Polen haben, je nach ihrer Aufgabe und wo sie arbeiten.

Bei Trotter (1999) können Sie sich informieren, wenn Sie mehr über mögliche Schwierigkeiten bei Vereinbarungen mit »unfreiwilligen Klienten« wissen möchten.

Autorität, Absicht und Freiheit

Motivierende Fertigkeiten können in allen Situationen verwendet werden, in denen davon ausgegangen werden kann, dass der Berater oder Therapeut eine Zielsetzung verfolgt, die sich von der des Klienten, mit dem er arbeitet, unterscheidet. Entscheidend ist, dass von Anfang an klargestellt wird, was jeder vom anderen zu erwarten hat, und welche Einschränkungen, Ressourcen und Sanktionen zur Verfügung stehen. Ein Ansatz wie die Motivierende Gesprächsführung soll vermitteln, wie der Therapeut seinem Klienten dabei hilft, Veränderungen in Betracht zu ziehen und sich dazu zu verpflichten. Der Klient ist immer frei, sich zu entscheiden, wie er möchte. Der Therapeut wird ihm dabei helfen, die möglichen Folgen einer Entscheidung in die Betrachtung mit einzubeziehen und auch klarstellen, was passieren wird, wenn er sich dafür entscheidet, sich nicht zu ändern oder nur auf eine Weise, die etwa für das Umfeld des Klienten inakzeptabel ist. Diese Informationen werden immer ohne Wertung vermittelt. Wenn der Therapeut in den Vereinbarungen deutlich macht, dass er Maßnahmen zur Veränderung nur in eine bestimmte Richtung unterstützen kann, stellt er damit gleichzeitig klar, dass der Klient zu jeder Zeit frei entscheiden kann.

Woraus besteht die Vereinbarung?

Wenn Sie angestellt sind, hat Ihr Arbeitgeber wahrscheinlich bereits Richtlinien für Ihre Arbeit erlassen. Die folgenden offenen Fragen können Ihnen helfen, festzulegen, was die Vereinbarung zwischen Ihnen und dem Klienten beinhalten soll.

(1) Was verlangt mein Arbeitgeber von mir bei dieser Arbeit?
(2) Was verlangt mein Berufsethos von mir?
(3) Was kann der Klient von mir erwarten?
(4) Was kann ich vom Klienten erwarten?
(5) Welche Gebühren oder Zahlungen sind erforderlich?
(6) Welche externen Vorgaben oder Ressourcen gibt es?
(7) Was will ich gemeinsam mit dem Klienten erreichen?
(8) Wie, wo und wann werden wir uns treffen?

Nachdem Rapport aufgebaut wurde, ist es wichtig, Grenzen und Erwartungen zu klären. In einer Gesprächssituation könnte das ein strukturierter »Vortrag« sein, der der Klärung des Zwecks der gemeinsamen Arbeit dient. Es könnte auch schriftlich festgehalten werden. Auch in diesem Stadium der Vereinbarung sind die Fertigkeiten der Motivierenden Gesprächsführung von entscheidender Bedeutung. Offene Fragen und Spiegeln helfen herauszufinden, ob die Klärung der Grenzen und

Erwartungen verstanden worden ist und ob Veränderungen verhandelt werden müssen. Ziel ist es, selbstmotivierende Aussagen des Klienten bezüglich der Vereinbarung zu erzeugen. Auf diese Weise kann eine von beiden Seiten akzeptable Einigung über Art und Umfang der Arbeit, die Sie gemeinsam zu bewältigen haben, erzielt werden. In manchen Fällen ist es hilfreich, die Vereinbarungen häufiger zu überprüfen.

Zusammenfassung

Dieses Kapitel hat die Mechanismen, die die menschliche Kommunikation ausmachen, untersucht, insbesondere, wie jeder Mensch vom anderen beeinflusst wird. Dieses Wissen wird Ihnen beim Aufbau von Rapport helfen. Dies reicht aber noch nicht aus. Um Integrität sicherzustellen, sind klare Vereinbarungen zwischen den Parteien erforderlich.
Sowohl Rapport als auch getroffene Vereinbarungen können sich immer wieder verändern. Sie bedürfen daher konstanter Aufmerksamkeit.

Das nächste Kapitel befasst sich im Detail mit den Kommunikationsfähigkeiten, die für die Motivierende Gesprächsführung entscheidend sind.

KAPITEL 5 /

Die aktuelle Motivationslage herausfinden

> Versuchen Sie zunächst zu verstehen und dann erst, verstanden zu werden.

Man kann Motivation nicht in einer Schubkarre herumfahren. Man kann sie nicht an jemanden übergeben oder jemanden zwingen, sie zu haben, obwohl wir oft so tun, als ob das möglich wäre. Wir sprechen so darüber, als ob sie ein fester Gegenstand wäre und nicht etwas, das sich ständig ändert. Wenn man über Motivation spricht wie über einen Gegenstand, verfestigt sie sich und es erscheint schwerer, sie zu ändern. Man kann leicht vergessen, dass Motivation ein *Prozess* ist.

Motivation besteht aus den Zielen, die man sich von Moment zu Moment setzt, inklusive der Entscheidung, gerade gar nichts zu tun.

Vergleichen Sie: mit:

»Du musst ihn motivieren.«
(*Es ist dein Job, ihn zu motivieren!*)

»Heute Morgen wollte sie nicht aufstehen und ihren Termin einhalten.« (*ihre Verantwortung, ihre Denkweise, ihr Verhalten*)

Motivation für eine Veränderung ist daher mehr als die Orientierung an Regeln, es ist mehr als eine Vereinbarung mit dem Therapeuten oder ein reines Halten an die Vorgaben, um eine aversive Konsequenz zu vermeiden. Man ist dann wirklich für die Veränderung motiviert, wenn man die *Überzeugung*, das *Vertrauen* und die *Bereitschaft* hat, um diese Veränderung zu diesem Zeitpunkt vorzunehmen. Man ist motiviert, sich zu ändern, wenn man sich sagen hört:

»Ich will mich ändern«
»Ich kann mich ändern«
»Ich werde mich jetzt ändern«
(Miller & Rollnick, 2002)

Tabelle 5.1 Komponenten der Motivation

Komponenten der Motivation	Hinweise auf mangelnde Motivation Äußerungen des Widerstands	Hinweise auf hohe Motivation Selbstmotivierende Äußerungen (Change-Talk)
»Ich will ...« *Überzeugung*	»Interessiert mich überhaupt nicht« »Warum sollte ich ...« »Ja, aber ...«	»Ich will mich ändern, weil ...« »Es ist wichtig, dass ich mich ändere« »Ich mache mir Sorgen wegen meines augenblicklichen Verhaltens« »Die Vorteile der Veränderung sind ...«
»Ich kann ...« *Vertrauen*	»Ich kann nicht« »Ist nicht meine Schuld« »Die müssen sich ändern, nicht ich« »Das kann ich nicht beeinflussen«	»Die Vorteile der Veränderung sind ...« »Ich kann es« »Ich habe diese Fähigkeiten« »Ich habe es schon einmal geschafft« »In diesen Situationen kann ich es« »Wenn das passiert, werde ich ...«
»Ich werde mich ändern« *Bereitschaft*	»Ich werde nicht ...« »Ich werde vielleicht irgendwann ändern ...« »Jetzt nicht«	»Jetzt ist die richtige Zeit« »Ich werde den ersten Schritt machen« »Ich habe angefangen« »So werde ich es machen«

Ziele für die Veränderung setzen

Wo Überzeugung, Vertrauen und das Commitment für eine Veränderung hoch sind, kann es sehr sinnvoll sein, die Veränderung direkt und ganz konkret anzusprechen. Wenn ein Klient etwa von seinem Hausarzt überwiesen wurde, sollte der Therapeut ihn begrüßen und nach einer kurzen Vorstellung direkt danach fragen, was er ändern möchte.

> **Beispiel**
>
> **Therapeut:** Ich höre, Sie haben um dieses Treffen gebeten, um einen Plan zur Reduzierung Ihres Alkoholkonsums zu entwickeln.
> **Klient:** Ja, das stimmt. Ich möchte meinen Alkoholkonsum reduzieren, damit ich meinen Führerschein zurückbekomme. Ich mache mir auch Sorgen über die Auswirkungen auf meine Gesundheit und meine Arbeit.

Wenn der Klient allerdings zu einer Veränderung noch nicht in der Lage oder noch gar nicht bereit ist, eine Veränderung überhaupt zu erwägen, kann dieser Einstieg zu sofortigem Widerstand führen.

> **Beispiel**
>
> **Therapeut:** Ich höre, Sie haben um dieses Treffen gebeten, um einen Plan zur Reduzierung Ihres Alkoholkonsums zu entwickeln.
> **Klient:** Ja, aber ich bin kein Alkoholiker, und ich habe kein Problem mit dem Trinken.

Eine direkte Frage, wie die im folgenden Kasten dargestellt, kann die Reaktion noch weiter verschlimmern.

> **Beispiel**
>
> **Therapeut:** Glauben Sie nicht, dass Sie Ihre Trinkgewohnheiten besser kontrollieren sollten?

Wo Überzeugung, Vertrauen oder Commitment fehlen, kann es hilfreich sein, zunächst einen Schritt zurückzugehen und herauszufinden, wozu der Klient derzeit überhaupt motiviert ist und dann eine gemeinsame Basis für die gemeinsame Arbeit zu suchen.
Die Autoren dieses Buches haben in einer Einrichtung gearbeitet, die den Rückgang von Straftaten anstrebte. Anfangs teilten nicht viele der Klienten dieses Ziel. Sie zogen eine Menge kurzfristigen Nutzen aus einigen ihrer Straftaten und schienen zunächst einmal in diesem Muster festzustecken. Aber viele änderten sich trotzdem – weil sie ihre *eigenen* Gründe dafür gefunden hatten.

Jake ist sehr »motiviert«, Heroin zu nehmen. Er möchte die Wirkungen kennenlernen, er hat die Möglichkeit, Heroin zu bekommen und zu konsumieren und er ist bereit, große Anstrengungen zu unternehmen, um es sich zu beschaffen. Er hat auch das Potenzial, diese Energie in eine andere Richtung zu lenken, wenn er nur einen Grund für die Veränderung findet. Jake hat Hinweise darauf gegeben, welche Gründe das sein könnten. Er hat angedeutet, dass er es nicht aushalten könnte, im Gefängnis zu sitzen, er möchte einen Job, es gefällt ihm nicht, Heroin zu stehlen oder zu verkaufen. An diesem Punkt sagt Jake, dass er keinen Einfluss auf sein eigenes Verhalten hätte und reagiert mit »Ja, aber …« auf alle Vorschläge zur Besserung seiner Situation.

Dieser Therapie-Tools-Band hilft Ihnen, mit Klienten wie Jake zu arbeiten und positive Werte zu vermitteln, wie den Wunsch, aufrichtiger und mitfühlender oder einfach ein »besserer Mensch« zu sein – was mit dem Weg, den sie einschlagen, in Konflikt steht. Es ist genau dieser innere Konflikt, der die nötige intrinsische Motivation zur Veränderung erzeugen kann. Arbeitsblatt 7 kann Ihnen helfen, die aktuelle Motivationslage Ihrer Klienten zu beurteilen und Ziele, über die zu diesem Zeitpunkt Einigkeit besteht, herauszufinden.

»Man lässt sich gewöhnlich lieber durch Gründe überzeugen, die man selbst gefunden hat, als durch solche, die anderen in den Sinn gekommen sind.«

Blaise Pascal

Tabelle 5.2 Jakes aktuelle Motivationslage

»Ich kann, aber ich will nicht«	»Ich will, ich kann, ich werde«
Heroin verkaufen und stehlen	*Stoff konsumieren (Heroin)*
Einen Gefängnisaufenthalt bewältigen	*Eine Arbeit annehmen*
»Ich kann nicht und ich will nicht«	»Ich will, aber ich kann nicht«

AB 7 /

Meine aktuelle Motivationslage

Diskutieren Sie das Arbeitsblatt mit Ihrem Therapeuten und füllen Sie dann die Felder unten aus.

Ich kann, aber ich will nicht	Ich will, ich kann, ich werde

Ich kann nicht und ich will nicht	Ich will, aber ich kann nicht

Gemeinsame Ziele finden

Diskutieren Sie AB 7 mit dem Klienten. Identifizieren und beachten Sie sich überschneidende Bereiche zwischen …

Zielen des Klienten

Ihren Zielen

Wo es Überschneidungen gibt, gibt es auch ein Potenzial für die Zusammenarbeit mit dem Ziel der Veränderung.

Zusammenfassung

Motivation ist kein fester Zustand und kann nicht an jemanden übergeben werden. Der Grad der Motivation, die eine Person für ein bestimmtes Ziel oder Ergebnis aufbringt, wird schwanken, je nach den jeweiligen Wünschen und Umständen. Der motivierende Therapeut hilft dem Klienten, die Richtung zur Veränderung zu erkennen, indem er Rapport aufbaut, darauf eingeht, was der Klient derzeit möchte und in der Lage ist zu tun, und ihm sanft hilft, die Richtung des gemeinsam gewünschten Therapieziels zu finden. Änderungen treten auf, wenn die Person ehrlich sagen kann: »Ich will, ich kann und ich werde mich ändern«.

Das nächste Kapitel befasst sich mit den verschiedenen Stadien, die Menschen durchlaufen, wenn sie sich verändern und den Fertigkeiten der Motivierenden Gesprächsführung, die in den jeweiligen Phasen am hilfreichsten sind.

KAPITEL 6 /

Der Kreislauf der Veränderung

> »Wie viele Personen braucht man, um eine Glühbirne zu wechseln?
> Eine, aber die Glühbirne muss den Wechsel wirklich wollen.«
>
> Witz aus den 1980er Jahren

In Kapitel 5 wurde untersucht, wie ein Ansatz wie die Motivierende Gesprächsführung das Augenmerk darauf legt, dass manche Menschen motiviert sind, sich zu ändern und andere nicht, und dass bei den ersteren eine effektive Veränderung möglich werden kann und bei den letzteren nicht. Dabei kann prinzipiell jeder offen für Veränderungen sein. Veränderungsmotivation ist nicht statisch und entweder vorhanden oder nicht vorhanden, sie ist ein innerer Prozess, der im Laufe der Zeit auch Schwankungen unterliegt. Motivation wird daran gemessen, wie sehr jemand sich ändern *möchte*, sich ändern *kann* und beschließt, dass er sich jetzt ändern *wird*. Prochaskas und DiClementes (1982) Kreislauf der Veränderung stellt ein nützliches Modell dar, mit dem man erkunden kann, wie der Grad der Motivation sich zu verschiedenen Phasen der Veränderung entwickelt. Dieses Modell schlägt typische Aufgaben für jede Phase vor, die erfüllt werden müssen, um die nächste Phase zu erreichen. Manche Menschen können diese Aufgaben ohne fremde Hilfe erfüllen. Ihre Klienten aber sind möglicherweise noch in einer der ersten Phasen festgefahren – die Motivierende Gesprächsführung kann ihnen weiterhelfen.

Eine detailliertere Analyse der Theorie des Kreislaufs der Veränderung kann in Kapitel 1 gefunden werden. Kapitel 6 bietet

► eine Zusammenfassung des Kreislaufs der Veränderung zur Verwendung in der täglichen Arbeit mit Ihren Klienten,

► Übungen, die Klienten helfen, ihre augenblickliche Motivationslage zu verstehen,

► Übungen, die dabei helfen, zu jedem Stadium der Veränderung die richtigen Fertigkeiten bereitzustellen.

Die folgenden Kapitel werden eingehender behandeln, wie man diese Kenntnisse im Sinne der Motivierenden Gesprächsführung anwendet.

___ Was ist der Kreislauf der Veränderung?

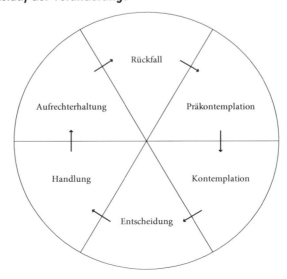

Sie haben den Kreislauf der Veränderung wahrscheinlich selbst schon durchlaufen. Denken Sie zurück an eine Zeit, in der Sie ein Verhaltensmuster verändert haben: Wie würden Sie die Etappen beschreiben, die Sie zu einer Entscheidung zur Veränderung durchlaufen haben? Beispiele sind etwa, das Rauchen aufzugeben, eine Diät zu beginnen, das Trinken zu reduzieren, regelmäßig Sport zu treiben oder innerhalb der zulässigen Geschwindigkeit zu fahren.

Phase der Präkontemplation. In der Anfangsphase einer Veränderung ist man sich der Tatsache, dass es ein Problem gibt, vielleicht gar nicht bewusst. Man legt langsam an Gewicht zu, fährt schneller als erlaubt oder nimmt die verordneten Medikamente nicht ein. Man nimmt es entweder nicht zur Kenntnis oder es ist einem egal. Wenn man überhaupt über sein Verhalten nachdenkt, sagt man sich vielleicht: »Ich brauche mich nicht zu ändern.« Vielleicht ärgert man sich sogar, weil andere versuchen, einen zu Veränderungen zu überreden. Man hat eine Veränderung also noch nicht in Erwägung gezogen. Dies ist die Phase der Präkontemplation.

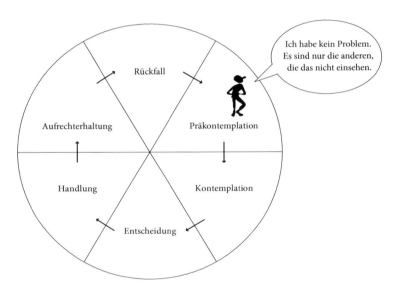

Phase der Kontemplation. Um in die Phase der Kontemplation einzutreten, sollte man zumindest bemerken, dass das aktuelle Verhalten mit einem unerwünschten Ergebnis zusammenhängt. Zum Beispiel passt die Kleidung nicht mehr, man bekommt einen Strafzettel oder fühlt sich krank.
Dies ist auch die Phase, in der Unwohlsein über das aktuelle Verhalten aufkommt. Man setzt sich mit folgenden Gedanken auseinander: »Will ich mich ändern oder nicht? Und selbst wenn ich wollte: *Kann* ich mich ändern?« Man sieht sowohl die Vor- als auch die Nachteile der Veränderung. Manchmal wird man denken, dass man sich ändern möchte und sogar einen kleinen Schritt in Richtung Veränderung tun, aber am nächsten Tag doch wieder zu seinem gewohnten Verhalten zurückkehren. Man kann sich verwirrt und unsicher fühlen. Dies ist die *Phase der Kontemplation*.

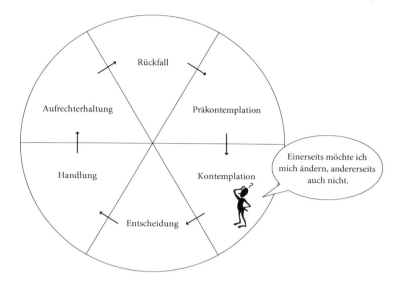

Phase der Entscheidung. Man beginnt, sich auf die Entscheidungsphase zuzubewegen, wenn die Gründe für die Veränderung stärker werden als die Gründe dafür, sich nicht zu verändern. Man realisiert, dass die Gründe für eine Veränderung mit längerfristigen Werten zusammenhängen. Man erkennt auch, wie Hindernisse überwunden werden können und ist zuversichtlich, dass ein Anfang gemacht werden kann.

In der *Entscheidungsphase* trifft man die klare Entscheidung, sein Verhalten zu ändern. Man fühlt sich möglicherweise glücklich und entschlossen, vielleicht auch ein wenig ängstlich und sagt zu sich selbst: »Ich will, ich kann und ich werde mich ändern – jetzt.«

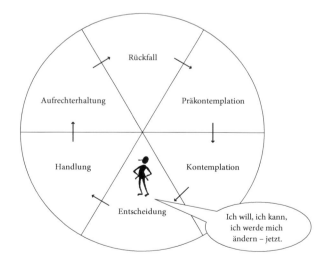

Phase der Handlung. Um zur Handlungsphase zu gelangen, plant man zunächst, was man konkret tun möchte. Man kann sich noch gut daran erinnern, dass man auch zuvor schon ein paar Mal dachte, eine klare Entscheidung getroffen zu haben. Aber die Pläne, die man gemacht hat, haben nie Gestalt angenommen. Tief im Inneren war man doch noch in der Phase der Kontemplation. In der *Handlungsphase* fängt man konkret damit an, sein Verhalten zu ändern. Das vorherige Verhalten ist einem aber noch bewusst und man spürt manchmal noch eine Tendenz, in alte Verhaltensmuster zurückzufallen.

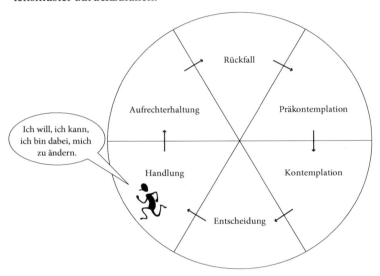

Allmählich, manchmal auch plötzlich, gefallen einem die neuen Verhaltensweisen und man realisiert, dass man diese Veränderung wirklich will. Man entwickelt die Fähigkeiten und das Vertrauen, das neu gewählte Verhalten beizubehalten und überwindet Tag für Tag den Drang, zu alten Verhaltensmustern zurückzukehren.

Phase des Rückfalls. Ein Ausrutscher oder Rückfall ist nicht ungewöhnlich, wenn man sein Verhalten ändert und tritt im Durchschnitt sogar siebenmal auf, bevor eine Veränderung greift. Es ist also absolut normal, wenn es zu einem Rückfall kommt und man für eine gewisse Zeit in seine alten Verhaltensmuster zurückfällt.

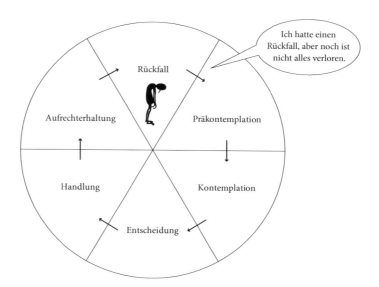

Um wieder in den Kreislauf zu gelangen, sollte man den Rückfall als Gelegenheit betrachten, aus Erfahrungen zu lernen. Man kehrt, wenn auch nur kurz, zurück zur Kontemplationsphase, erinnert sich an die wichtigsten Gründe, aus denen man sich für die Veränderung entschieden hatte und versichert sich selbst, dass man sich ändern kann.

Phase der Aufrechterhaltung. In der *Phase der Aufrechterhaltung* erhält man die Veränderung aufrecht, das veränderte Verhalten wird ein Teil des Lebens. Man kann dann zu sich selbst sagen: »Ich habe mich geändert.«

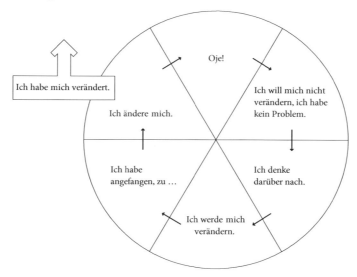

Erst wenn das neue Verhalten im Lebensstil integriert ist und man sich nicht mehr wiederholt an die Gründe erinnern muss, warum man das neue Verhalten beibehalten sollte, kann man sagen, dass man aus dem Kreislauf ausgestiegen ist.

Die Motivierende Gesprächsführung erweist sich in den frühen Phasen der Veränderung als besonders effektiv, wenn der Klient sich noch unsicher ist, ob er überhaupt etwas ändern *möchte* (der *Präkontemplations-* und *Kontemplationsphase*). In der *Entscheidungsphase*, wenn er sich verändern *will*, aber das Vertrauen, es auch zu *können*, noch entwickeln muss, erweist sich die Einführung eines motivierenden Ansatzes mit Informationszufuhr und Kompetenzentwicklung als wirksam. Wenn ein *Rückfall* eintritt, ist eine Rückkehr zur Motivierenden Gesprächsführung ebenfalls hilfreich.

Die folgenden Übungen sind so konzipiert, dass sie während eines Gesprächs verwendet werden können, um aktuelle Phasen der Motivation herauszufinden. Die Übungen verlangen die Fertigkeiten, *reflektierend zuzuhören*, *offene Fragen zu stellen* und *Bestätigungen zu geben*. Diese Fertigkeiten werden in den folgenden Kapiteln näher beleuchtet und es wird hilfreich sein, zu den Übungen dieses Kapitels zurückzukehren, wenn Sie die weiteren Kapitel gelesen haben.

Einige Klienten werden auf ein Gespräch, das lediglich auf den Ideen der Übungen basiert, besser reagieren als auf die Übungen selbst – jeder Klient ist anders. Bei der Anwendung und Anpassung der Übungen ist es hilfreich, die verschiedenen Lernstile, Kulturen, Geschlechter, Altersstufen, möglichen Behinderungen, Kenntnisse, Sexualitäten und Religionen Ihrer Klienten zu berücksichtigen (s. Kap. 3 für weiterführende Informationen über Lernstile).

Die Phasen der Veränderung sind ständig in Bewegung. Klienten können sich bezüglich eines Verhaltens in einer bestimmten Phase der Veränderung befinden und bezüglich eines anderen Verhaltens in einer ganz anderen Phase. Zum Beispiel kann jemand, der als HIV-positiv diagnostiziert wurde, noch in der Phase der Präkontemplation sein, was den Gebrauch von Injektionsnadeln angeht, aber bezüglich der Verwendung von Kondomen schon in der Kontemplationsphase. Selbst innerhalb eines Gesprächs kann sich die Phase verändern. Sie und Ihre Klienten überbewerten vermutlich häufig den Wunsch zur und das Vertrauen in die Veränderung. In der Regel kann man davon ausgehen, dass die unterste Ebene der festgestellten Phase vorliegt.

1 — Kreuzen Sie die Aussagen an, die auf Sie zutreffen.

2 — Fügen Sie Kommentare auf den Linien hinzu.

3 — Schreiben Sie Ihre Gefühle auf oder zeichnen Sie sie.

Welche Verhaltensweisen erwägen Sie zu verändern bzw. beizubehalten?

Phase der Veränderung
Präkontemplation

☐ Andere glauben, ich müsste mich ändern. Ich sehe das nicht als Problem an.

☐ Ich habe nie zuvor daran gedacht, dieses Verhalten abzulegen.

☐ Ich bin verärgert und wütend, weil andere mich ändern wollen.

☐ Ich glaube, es ist hoffnungslos, sich ändern zu wollen.

☐ Ich sehe viel mehr Gründe dafür, mich nicht zu verändern als es zu tun.

Ich fühle mich …

Was man zu anderen sagt

Ich habe kein Problem. Es sind nur die anderen, die das nicht einsehen.

Ich möchte am liebsten genauso weitermachen, weil _____

Kontemplation

☐ Ich habe Zweifel bezüglich meines Lebensstils.

☐ Ich wäge die Vor- und Nachteile einer Veränderung ab.

☐ Ich möchte mich ändern, bin mir aber nicht sicher, ob ich das kann.

☐ Ich möchte mich ändern, aber jetzt ist nicht die richtige Zeit dafür.

Ich fühle mich …

Einerseits möchte ich mich ändern, weil _____

-- ,

andererseits möchte ich mich nicht ändern,

weil --

Entscheidung

☐ Ich bin bereit, Entscheidungen zur Veränderung zu treffen.

☐ Veränderungen passen zu meinen langfristigen Zielen und Werten.

☐ Ich glaube, ich kann einen Anfang machen.

☐ Ich glaube, ich werde mich verändern.

☐ Jetzt ist die richtige Zeit, damit anzufangen.

Wie sehr möchte ich die Veränderung?

0 ------------------------------------ 10

gar nicht   sehr

Wie zuversichtlich bin ich, dass ich mich ändern werde?

0 ------------------------------------ 10

gar nicht   sehr

Ich will mich ändern, weil _____

Ich kann mich ändern, weil _____

Ich fange damit an, _____

Bis _____ werde ich _____

▶

Handlung

☐ Ich unternehme Schritte, mein Verhalten aktiv zu verändern.

☐ Ich will mich verändern.

☐ Ich glaube daran, dass ich mich verändern kann.

☐ Jetzt ist die richtige Zeit.

Ich fühle mich …

Ich habe angefangen _____

_____

_____

Ich bin am stärksten in Gefahr, wieder in meine alten Verhaltensweisen zurückzufallen,

wenn _____

_____

_____

Aufrechterhaltung

☐ Ich habe mein Verhalten seit 6 oder mehr Monaten geändert.

☐ Ich entwickle neue Fähigkeiten, um Schwierigkeiten bei der Veränderung zu überwinden.

☐ Ich bin froh über die Veränderung und möchte weitermachen.

Ich fühle mich …

Ich verändere mich.

Wenn das passiert, werde ich _____

_____

»Ausrutscher« oder Rückfall

☐ Ich bin zu Verhaltensweisen zurückgekehrt, die problembehaftet sind

☐ Das ist eine Ausnahme.

☐ Das ist mehr als eine Ausnahme.

☐ Ich fange nur ungern wieder von vorne an.

☐ Ich will aus dieser Erfahrung lernen

Ich fühle mich …

Ich hatte einen Rückfall, aber es ist nicht alles verloren.

Ich habe gelernt,

_____

_____

Rückkehr in den Kreislauf

☐ Ich lerne etwas aus dem Rückfall.

☐ Ich will mich ändern.

☐ Ich kann mich ändern.

☐ Ich werde mich ändern.

Ich fühle mich …

Ich habe aus dem Rückfall etwas gelernt.

Verlassen des Kreislaufs

☐ Ich habe mein Verhalten geändert.

☐ Ich habe neue Verhaltensweisen erlernt.

☐ Ich habe ein neues Leben.

Ich fühle mich …

Ich habe mich verändert.

AB 10 /

Wo bin ich im Kreislauf der Veränderung?

Finden Sie heraus, in welcher Phase Sie sich am ehesten befinden und sprechen Sie mit Ihrem Therapeuten über die Gründe.

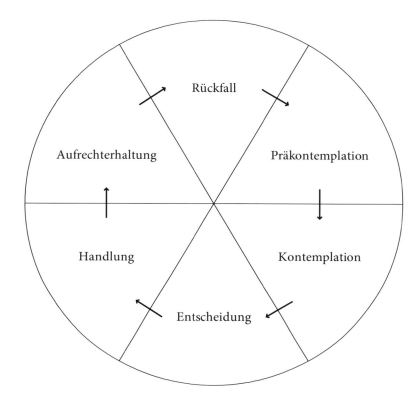

AB 11 /

K

Alternativer Kreislauf der Veränderung

Verwenden Sie dieses Arbeitsblatt, wenn es Ihnen hilfreicher als Arbeitsblatt 10 erscheint.

Finden Sie heraus, in welcher Phase Sie sich am ehesten befinden und sprechen Sie mit Ihrem Therapeuten über die Gründe.

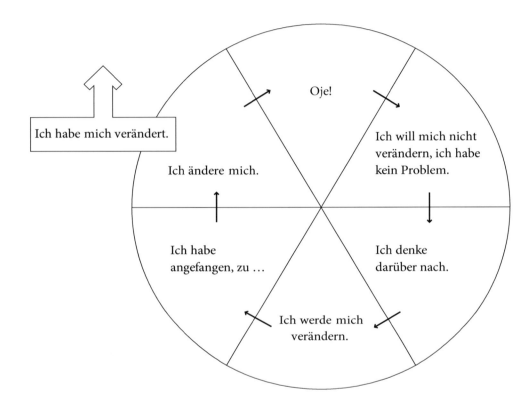

Veränderungen untersuchen: Gedanken, Gefühle und Verhalten

Verwenden Sie diese Arbeitsblatt, um daran zurückdenken, wie Sie in der Vergangenheit ein Verhaltensmuster verändert haben.

»Ich will mich nicht ändern« – Präkontemplation

Was habe ich getan?

Was habe ich gedacht?

Wie habe ich mich gefühlt?
(zeichnen oder schreiben)

Darüber nachdenken – Kontemplation

Was habe ich getan?

Was habe ich gedacht?

Wie habe ich mich gefühlt?

Entscheidung

Was habe ich getan?	Was habe ich gedacht?	Wie habe ich mich gefühlt?
--------------------------------	--------------------------------	
--------------------------------	--------------------------------	
--------------------------------	--------------------------------	
--------------------------------	--------------------------------	
--------------------------------	--------------------------------	
--------------------------------	--------------------------------	
--------------------------------	--------------------------------	

Handlung

Was habe ich getan?	Was habe ich gedacht?	Wie habe ich mich gefühlt?
--------------------------------	--------------------------------	
--------------------------------	--------------------------------	
--------------------------------	--------------------------------	
--------------------------------	--------------------------------	
--------------------------------	--------------------------------	
--------------------------------	--------------------------------	
--------------------------------	--------------------------------	

▶

»Ich habe mich geändert« — Aufrechterhaltung

Was habe ich getan?	Was habe ich gedacht?	Wie habe ich mich gefühlt?

»Ich bin wieder in alte Muster zurückgefallen« — Rückfall

Was habe ich getan?	Was habe ich gedacht?	Wie habe ich mich gefühlt?

Veränderungen untersuchen: Gedanken, Gefühle und Verhalten

Zurück in den Kreislauf

Was habe ich getan?	Was habe ich gedacht?	Wie habe ich mich gefühlt?

Langfristige Verhaltensänderung – Verlassen des Kreislaufs

Was habe ich getan?	Was habe ich gedacht?	Wie habe ich mich gefühlt?

AB 13 /

Veränderungen untersuchen: Gedanken, Gefühle und Verhalten
Mögliche Antworten AB 12

Die typischen Reaktionen auf die Fragen des vorangegangenen Arbeitsblattes sind hier aufgelistet. Die Antworten können Hinweise darauf liefern, in welcher Phase im Kreislauf der Veränderung sich jemand befindet. Wir empfehlen dabei aber äußerste Vorsicht, da dies nur Hinweise sind. In welcher Phase des Kreislaufs der Veränderung sich Ihr Klient befindet, kann sich sogar während eines Gesprächs verändern.

»Ich will mich nicht ändern« – Präkontemplation

Was habe ich getan?	Was habe ich gedacht?	Wie habe ich mich gefühlt? (zeichnen oder schreiben)
Weitergemacht wie bisher.	• Ich habe an Veränderung nicht einmal gedacht. • Jeder versucht mich zu kontrollieren. Ich werde mich nicht ändern. • Ich will mich nicht ändern. • Es gibt eine Menge Gründe, so zu bleiben, wie ich bin. • Ich kann mich nicht ändern, es macht keinen Sinn, darüber nachzudenken.	• Konstant im Verhalten, Veränderungen abgeneigt • Verärgert über diejenigen, die eine Veränderung anregen • Rebellisch • Selbstbewusst und entschlossen, beim Alten zu bleiben • Ruhig, überlegend, resigniert, deprimiert

Darüber nachdenken – Kontemplation

Was habe ich getan?	Was habe ich gedacht?	Wie habe ich mich gefühlt?
Weitergemacht wie bisher.	• Ich will und ich will doch nicht. • Das funktioniert nicht, aber ich weiß, wo ich stehe und ich fühle mich sicher. • Ich bin nicht sicher, ob ich das kann. • Ich werde irgendwann damit anfangen.	• Verwirrt • Unzufrieden • Deprimiert • Festgefahren • Möglicherweise ärgerlich, wenn man mir Anweisungen gibt

AB 13 /

Veränderungen untersuchen: Gedanken, Gefühle und Verhalten
Mögliche Antworten AB 12

Entscheidung

Was habe ich getan?	Was habe ich gedacht?	Wie habe ich mich gefühlt?
• Ich habe einen Plan gemacht.	• Ich werde mich ändern.	• Optimistisch
• Ich hab's einfach getan.	• Ich will, bin aber nicht sicher, ob ich es kann, aber ich wird es versuchen	• Zielgerichtet
• Ich habe jemand anderem gesagt, dass ich es aufgeben würde.	• Ich werde es vermissen.	• Ängstlich
		• Aufgeregt

Handlung

Was habe ich getan?	Was habe ich gedacht?	Wie habe ich mich gefühlt?
• Ich habe angefangen, mein Verhalten zu ändern.	• Das läuft gut.	• Gut
	• Ich kann es.	• Stolz
	• Ich muss meine Ziele im Auge behalten.	• Aufgeregt
	• Kann ich das durchhalten?	• Ängstlich
		• Versucht, in frühere Verhaltensweisen zurückzufallen

AB 13 /

Veränderungen untersuchen: Gedanken, Gefühle und Verhalten
Mögliche Antworten AB 12

»Ich habe mich geändert« — Aufrechterhaltung

Was habe ich getan?	Was habe ich gedacht?	Wie habe ich mich gefühlt?
Ich habe mich mehrere Monate geändert.	• Das funktioniert gut. • Vielleicht muss ich mir darum keine Sorgen mehr machen. • Was passiert, wenn ...	• Entspannt • Gut • Selbstzufrieden • Vielleicht etwas Angst

»Ich bin wieder in alte Muster zurückgefallen« — Rückfall

Was habe ich getan?	Was habe ich gedacht?	Wie habe ich mich gefühlt?
Zu vorherigem Verhalten zurückgekehrt.	• Ich kann es also doch nicht. • Ist es das alles wert? • Es war nicht meine Schuld. • Vielleicht sollte ich es nochmal versuchen.	• Abgeschlafft • Enttäuscht • Wütend • Schuldig • Traurig • Erneute Entschlossenheit

AB 13 /

Veränderungen untersuchen: Gedanken, Gefühle und Verhalten
Mögliche Antworten AB 12

Zurück in den Kreislauf

Was habe ich getan?	Was habe ich gedacht?	Wie habe ich mich gefühlt?
Herausgefunden, wie es zu dem Rückfall kam und geplant, was ich beim nächsten Mal mache. Den Kreislauf erneut durchlaufen.	• Ich will mich ändern, weil ... • Ich werde wahrscheinlich versucht sein, zu meinem vorherigen Verhalten zurück-zukehren, wenn ... • Wenn es wieder passiert, werde ich ... • Ich habe gelernt.	• Ängstlich • Schuldig • Wütend • Optimistisch • Entschlossen

Langfristige Verhaltensänderung — Verlassen des Kreislaufs

Was habe ich getan?	Was habe ich gedacht?	Wie habe ich mich gefühlt?
Das neue Verhalten ist ein Teil meines Lebens geworden.	• Ich hab's geschafft. • Wenn ich das ändern kann, kann ich auch andere Dinge ändern. • Konzentration auf neues Verhalten und neues Leben.	• Stolz • Glücklich • Erfolgreich • Optimistisch

Stärkung der Empathie und Beurteilung der Motivationsphasen

Dieses Arbeitsblatt wurde entwickelt, um Ihnen dabei zu helfen, eine vorläufige Beurteilung der Motivations-phasen, die am relevantesten für Ihre Klienten sind, vorzunehmen. Beantworten Sie die Fragen unten in Bezug auf die Gespräche, die Sie mit Ihrem jeweiligen Klienten führen. Es hilft Ihnen vielleicht, das Blatt zu kopieren, zu datieren und zu einem späteren Zeitpunkt erneut zu betrachten.

Worin genau besteht das Verhalten, das die Probleme des Klienten verursacht? Geben Sie auf dem Kreislauf der Veränderung an, welche Phase für den jeweiligen Klienten momentan am zutreffendsten ist.

Klient: _____

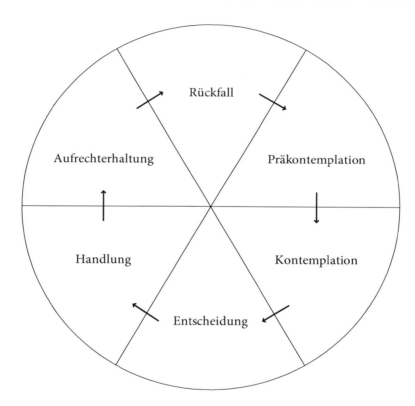

Was spricht dafür, dass sich der Klient in dieser Phase befindet?

Was tut und sagt der Klient?

Was glauben Sie, sind seine Gedanken bezüglich seines eigenen Verhaltens?

Wie, glauben Sie, fühlt sich der Klient?

Welche Ihrer Antworten, glauben Sie, wird für Ihren Klienten am hilfreichsten sein?

Finden Sie heraus, welche Vorgehen Sie als Therapeut in welcher Phase anwenden.

Präkontemplationsphase

Gewünschte Ergebnisse:
▶ Zweifel im Klienten wecken
▶ Problem des Klienten erkennen

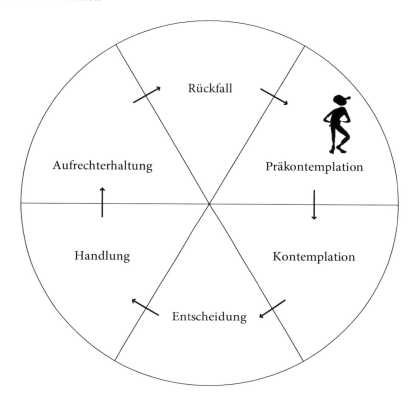

Hilfreichste Strategien:

☐ Aufbau von Rapport

☐ aktives Zuhören

☐ Empathie verstärken

Wenn der Klient einer Veränderung abgeneigt ist:

☐ neue Informationen / neues Feedback geben

Wenn der Klient rebellisch ist:

☐ auf Widerstand achten

☐ deutlich machen, dass es eine Wahl gibt

AB 15 /

Reaktion auf unterschiedliche Phasen der Veränderung

Wenn der Klient ankündigt, sich nicht zu ändern:

☐ an die Veränderung glauben und Stärken aufzeigen

Wenn der Klient Gründe gegen die Veränderung nennt:

☐ diese Gründe genauer hinterfragen und dann die Gründe aufzeigen, die für eine Veränderung sprechen

☐ nach den weiteren Zielen des Klienten fragen und sie mit den eigenen Zielen in Einklang bringen

Weniger hilfreich sind folgende Strategien:

☐ Klienten zu einer Veränderung überreden

☐ Klienten in eine unangenehme Lage bringen

☐ das Verhalten der Klienten beurteilen

☐ eigene Autorität einsetzen, um eine Veränderung zu erzielen

☐ Ratschläge geben, besonders, wenn in der Phase der Präkontemplation eine schwierige Stimmung vorherrscht

Selbstbeurteilung:

Reaktion auf unterschiedliche Phasen der Veränderung

Kontemplationsphase

Gewünschte Ergebnisse
► Bezug auf das derzeitige Verhalten
► Wunsch nach Veränderung
► Vertrauen erwecken, eine Veränderung anzugehen

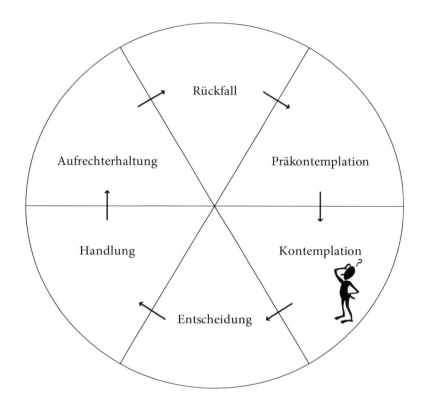

Nützliche Strategien

☐ die Gründe für und wider eine Veränderung herausfinden – Zwiespalt

☐ das Problem untersuchen

☐ herausfinden, was die wichtigsten Dinge in ihrem Leben sind

☐ die Lücke bzw. den Widerspruch zwischen langfristigen Zielen und gegenwärtigem Verhalten hervorheben

Weniger nützliche Strategien

☐ Ratschläge geben

☐ versuchen, Probleme direkt zu lösen (z. B. »Haben Sie schon mal darüber nachgedacht, dies zu tun …«)

☐ eigene Erfahrungen einbringen (»Als ich … war …«)

☐ geschlossene Fragen stellen

AB 15 /

T

Reaktion auf unterschiedliche Phasen der Veränderung

4/13

☐ Vertrauen in die Veränderung untersuchen

☐ Hindernisse und die Stärken, diese zu überwinden, herausfinden

☐ das Bedürfnis und das Vertrauen in die Veränderung deutlich machen

☐ nur von den Vorteilen der Veränderung sprechen und die Nachteile ignorieren

☐ versuchen, bereits neue Fähigkeiten zu vermitteln, bevor der Wunsch zur Veränderung auftritt

Selbstbeurteilung:

Entscheidungsphase

Gewünschte Ergebnisse:
► Optimismus bezüglich der Veränderung
► Erstellung eines Handlungsplans

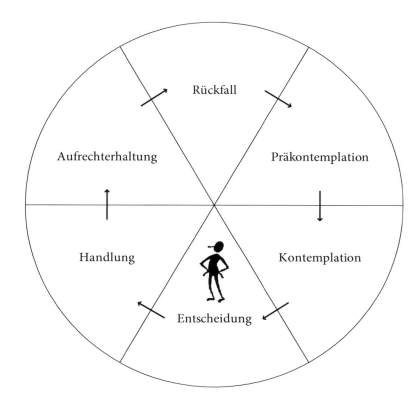

Nützliche Strategien

☐ überprüfen, inwieweit es sowohl verbale als auch nonverbale Ausdrücke des Bedürfnisses nach Veränderung gibt

☐ Vertrauen in die Veränderung untersuchen

☐ gemeinsame Ziele klarstellen

☐ verschiedene Wege zur Zielerreichung finden

☐ Konsequenzen der jeweiligen Wege erkunden

Weniger nützliche Strategien

☐ schnell zur Tat schreiten

☐ annehmen, die Ambivalenz sei bereits behoben

☐ zu schnell nach Lösungen streben

☐ die erste Andeutung einer Entscheidung als Entscheidung annehmen

☐ Problem für jemanden lösen

- ☐ einen Weg auswählen
- ☐ kleine Schritte wählen
- ☐ Hindernisse erkennen und Möglichkeiten finden, diese zu überwinden
- ☐ herausfinden, wer dabei helfen wird
- ☐ planen, Erfolge festzuhalten und zu belohnen
- ☐ Erfolge visualisieren

- ☐ über eigene Erfahrungen sprechen
- ☐ Streit beginnen
- ☐ annehmen, die Ziele das anderen seien mit den eigenen identisch

Selbstbeurteilung:

▶

AB 15 /

Reaktion auf unterschiedliche Phasen der Veränderung

Handlungsphase

Gewünschte Ergebnisse:
► Verhalten ändern
► eigenes Verhaltensrepertoire erweitern

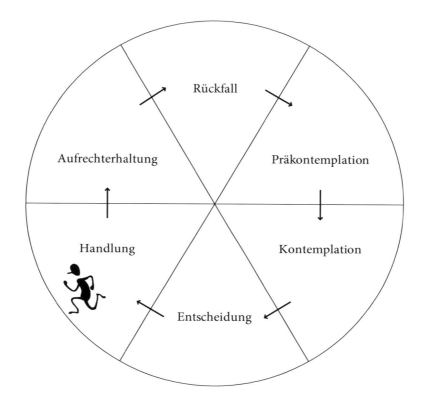

Nützliche Strategien

☐ daran denken, dass noch Ambivalenz vorhanden sein kann

☐ kleine Schritte beobachten

☐ spezielles Feedback geben

☐ ein gutes Vorbild abgeben

Weniger nützliche Strategien

☐ abwehren, wenn jemand Hilfe oder Informationen benötigt

☐ annehmen, das Problem sei bereits gelöst

☐ sie negativen Aspekte des bisherigen Verhaltens überbetonen

Reaktion auf unterschiedliche Phasen der Veränderung

☐ in angemessenem Rahmen Informationen vermitteln

☐ Hindernisse beseitigen

☐ aktiv helfen

☐ Erfolge feiern

☐ alle Lösungen bereitstellen

☐ auf externe Belohnungen vertrauen

Selbstbeurteilung:

▶

AB 15 /

Reaktion auf unterschiedliche Phasen der Veränderung

Phase der Aufrechterhaltung

Gewünschte Ergebnisse:
- ▶ Veränderungen erhalten
- ▶ Reintegration in die Gesellschaft
- ▶ Verhütung eines erneuten Rückfalls

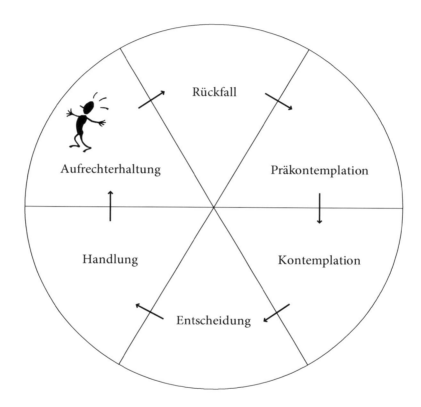

Nützliche Strategien

- ☐ beachten, wann Unterstützung evtl. noch benötigt wird und wann man besser loslässt
- ☐ tägliche Unterstützung für das neue Verhalten sicherstellen
- ☐ positives Feedback bei Fortschritten geben

Weniger nützliche Strategien

- ☐ zu früh loslassen
- ☐ Überbetonung der Untersuchung des bisherigen Verhaltens
- ☐ Klienten übermäßig »beschützen«

Reaktion auf unterschiedliche Phasen der Veränderung

- [ ] ein gutes Vorbild sein
- [ ] bestätigen und loben
- [ ] neue Fähigkeiten / Verhaltensweisen aufbauen
- [ ] Plan für evtl. Rückfall erstellen
- [ ] erneute Bestärkung in den langfristigen Zielen

Selbstbeurteilung:

▶

Rückfall

Gewünschtes Ergebnis:
► aus der Erfahrung lernen

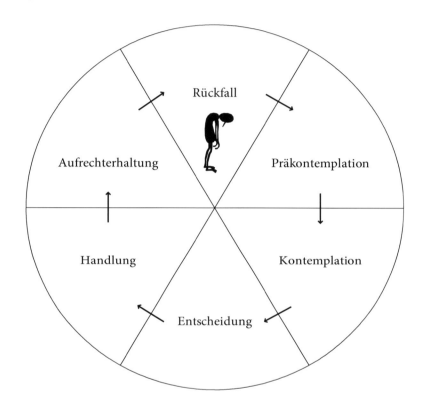

Nützliche Strategien

☐ den Rückfall als Teil des Lernprozesses einordnen

☐ herausfinden, wie der Rückfall zustande kam und Strategien für das nächste Mal bereitstellen

☐ Empathie zeigen

☐ Ambivalenz herausstellen

Weniger nützliche Strategien

☐ als Fehlschlag des Patienten etikettieren

☐ die eigene Arbeit als fehlgeschlagen sehen

☐ belehren, kritisieren, Schuld zuweisen

☐ unerwünschte Ratschläge geben

☐ die Hoffnung aufgeben

AB 15 /

Reaktion auf unterschiedliche Phasen der Veränderung

- ☐ Stärken herausarbeiten und herausfinden, wer bei Schwierigkeiten helfen kann
- ☐ das Positive bestärken
- ☐ selbstmotivierende Äußerungen bezgl. des Bedürfnisses und der Zuversicht, aus der Erfahrung zu lernen, verstärken
- ☐ zurück zur Kontemplationsphase gehen

Selbstbeurteilung und Kommentare:

Reaktion auf unterschiedliche Phasen der Veränderung

Wenn die Aufrechterhaltung funktioniert

Gewünschtes Ergebnis:
► Integration in die Gesellschaft

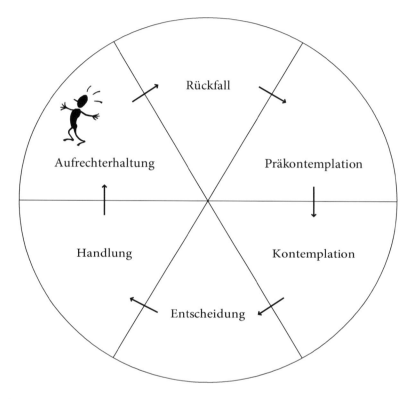

Nützliche Strategien
► Verbindung zu Unterstützungsmöglichkeiten außerhalb der Therapie herstellen
► Loslassen

AB 16 /

Die Vorgehensweisen an den Kreislauf der Veränderung anpassen

Ziehen Sie Linien, um die jeweiligen Vorgehensweisen und Fertigkeiten der Motivierenden Gesprächsführung mit den dazu passenden Phasen des Kreislaufs der Veränderung zu verbinden!

Vorgehensweisen und Fertigkeiten

▶ Bestätigen

▶ Zuhören

▶ Offene Fragen

▶ Zusammenfassen und »Ich will«-Äußerungen unterstützen

▶ Handlungspläne aufstellen

▶ Veränderungen belohnen

▶ Anweisungen geben

▶ Mögliches neues Verhalten demonstrieren

▶ Informationen bereitstellen

▶ Hindernisse auf dem Weg zur Veränderung beseitigen

▶ Optimismus wiederbeleben

Kreislauf der Veränderung

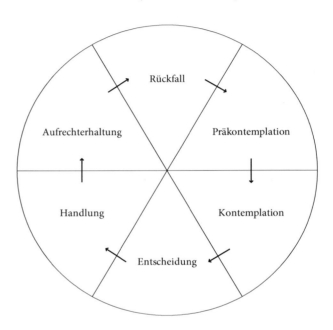

Zusammenfassung und Anwendung

Wenn jemand sich nicht wirklich ändern will, kann es in der Präkontemplations- und der Kontemplationsphase kontraproduktiv sein, Ratschläge zu erteilen, Hindernisse aus dem Weg zu räumen oder neue Verhaltensweisen zu demonstrieren. In diesen frühen Phasen einer Veränderung ist es hilfreicher, die Motivierende Gesprächsführung dahingehend einzusetzen, Empathie zu zeigen und damit beim Klienten ein Gefühl der Unsicherheit gegenüber seinem gegenwärtigen Verhalten zu entwickeln. Die Fertigkeiten, um das zu tun, sind im Folgenden aufgeführt.

▶ Bestätigen
▶ Zuhören
▶ Offene Fragen stellen
▶ Zusammenfassen
▶ Selbstmotivierende Aussagen (Change-Talk) unterstützen

In den späteren Phasen können zusätzliche Fertigkeiten verwendet werden, um eine festes motivierendes »Fundament« zu legen. Die folgenden Kapitel untersuchen, wie man diese Fertigkeiten entwickelt und in den verschiedenen Phasen der Veränderung anwendet.

KAPITEL 7 /

Zuhören

Was Menschen brauchen ist, dass ihnen zugehört wird.

Motivierende Gesprächsführung in Therapie und Beratung beginnt mit Zuhören und Beobachten. Wenn der Klient darauf nicht anspricht, muss der Therapeut sich fragen: »Wie gut habe ich ihm wirklich zugehört und wie könnte ich das noch verbessern?«

Das Zuhören ist in den frühen Stadien von Therapie und Beratung besonders wichtig. Es ist die Grundlage von Rapport, der Bestätigung des Klienten und des genauen diagnostischen Vorgehens. In der Praxis ist gutes Zuhören selten. Überlegen Sie, wie Sie die unten beschriebenen verschiedenen Ebenen des Zuhörens in Ihrer eigenen Arbeit anwenden. Überlegen Sie auch, wie oft man Ihnen selbst ganz genau zuhört und welche Auswirkungen das auf Sie hat. Die Macht des guten Zuhörens wird vermutlich stark unterschätzt.

7.1 Fünf Ebenen des Zuhörens

Ebene 1 – Eingeschränktes Zuhören (Geistesabwesenheit)

»Dafür habe ich keine Zeit.« Das *gewünschte Ergebnis* des »Zuhörers« ist es, ein Problem oder eine Störung herauszustellen und »festzulegen«. Der Zuhörer konzentriert sich auf eine andere Tätigkeit oder einen anderen Gedanken und nimmt die Person, die spricht, nur zwischendurch wirklich wahr. Typisch für diese Art des eingeschränkten Zuhörens ist, dass die Augen des Zuhörers umher wandern, er mit irgendeinem Gegenstand herumspielt, die Füße hin und her schiebt, auf die Uhr schaut usw. Von David McKee (1980) stammt ein klassisches Beispiel für diesen Typ des eingeschränkten Zuhörens: die Geschichte eines kleinen Jungen namens Bernard, der seinen Eltern erzählen möchte, dass im Garten ein Monster ist. Jedes Mal, wenn er ansetzt, es seinen Eltern zu sagen, erwidern diese: »Nicht jetzt, Bernard«. Das setzt sich so weit fort, bis das Monster Bernard gefressen hat. Anschließend wird dem Monster gesagt, es solle ins Bett gehen, und es versucht vergebens zu erklären, dass es nicht Bernard ist, sondern ein Monster.

»Ich mache das für Sie.« Der Zuhörer unterbricht, argumentiert, gibt zahlreiche Ratschläge und setzt dies trotz Widerstand auf Seiten des »Erzählers« fort (»Ja, aber …«). Der Zuhörer möchte das Problem sofort lösen und gibt Ratschläge oder beginnt bereits mit konkreten Handlungen, bevor er darum gebeten wird. Ein Beispiel: Ein Therapeut richtet seine Aufmerksamkeit bereits darauf, Hinweise zu geben, wie der Klient seinen Alkoholkonsum einschränken kann, noch bevor dieser seinen Alkoholkonsum überhaupt als Problem wahrgenommen hat.

»Sie werden meine Fragen beantworten.« Der Zuhörer stellt eine Frage nach der anderen. Wenn die Fragen geschlossen sind, wird der Erzähler wahrscheinlich nur einsilbig antworten können und nach ein paar Minuten gehen wollen. Offene Fragen entlocken zunächst einmal mehr Informationen, aber selbst offene Fragen können, wenn sie gehäuft auftreten, als Ausfragen wahrgenommen werden. Das wird wahrscheinlich weniger Information, mehr Widerstand und weniger Willen zur Veränderung auf Seiten des Erzählers zur Folge haben. Ein Therapeut ist vor allem gefährdet, in diese Falle zu tappen, wenn er mit dem Klienten in einem vorgegebenen Zeitrahmen etwa ein Bewertungsformular oder einen Fragebogen auszufüllen hat.

»Ich weiß genau, was für ein Typ Sie sind.« Der Zuhörer hat vor dem Gespräch oder in den ersten paar Minuten bereits eine Bewertung des Erzählers vorgenommen und hört und interpretiert das Gehörte so, dass es seine vorgefasste Meinung unterstützt. Das, was ihm erzählt wird, wird durch den Filter seiner persönlichen Vorurteile und vorhandenen Klischees verzerrt. Ein Therapeut könnte beispielsweise annehmen, dass ein früherer Bericht den aktuellen Zustand des Klienten genau beschreibt.

»Ich würde an Ihrer Stelle das Gleiche tun.« Anstatt angemessen Empathie und Verständnis zu zeigen, über-sympathisiert der Zuhörer. »Ich hätte das genauso getan …«. Der Zuhörer kann so aber nicht den ganzen Zusammenhang und die möglichen negativen Konsequenzen des Verhaltens für den Erzähler und andere herausfinden. Seine Einsicht ist deshalb durch die beschränkte Offenheit seines Gegenübers und ungenaue Informationen begrenzt.

Ebene 2 — Auf den Inhalt hören

Der Zuhörer konzentriert sich vor allem auf den Inhalt des Gesagten. Er …
► ist sich der Notwendigkeit des Zuhörens bewusst,
► beschränkt Ablenkungen und kann einen vertraulichen Rahmen für das Gespräch herstellen,
► bereitet sich vor, um so weit wie möglich sicherzustellen, dass das Umfeld dem Zuhören förderlich ist, zum Beispiel dass die Stühle im richtigen Winkel zueinander stehen und nicht direkt einander gegenüber,
► stellt sicher, dass sich keine Barrieren, wie ein Bildschirm oder ein Tisch zwischen ihm und dem Erzähler befinden,
► hört und notiert ausschließlich die Inhalte, die der Erzähler preisgibt.
Auf diese Art wird der Zuhörer vermutlich sehr viel erfahren, das Verständnis des Gesagten aber kann eingeschränkt sein.

Ebene 3 — Aktives Zuhören

Der Zuhörer möchte auf den Inhalt hören, um die Öffnung auf Seiten des Erzählers zu erleichtern und diesen auch nachvollziehen können. Er …
► konzentriert sich darauf, was der Erzähler sagt und nicht auf seine nächste Frage oder darauf, Lösungsvorschläge oder Ratschläge anzubringen,
► spiegelt unbewusst die Körpersprache, wenn der Erzähler offen und ruhig Informationen vermittelt,
► zeigt einen ähnlichen Bewegungsrhythmus wie der Erzähler,
► ist ausdrucksstark und gut gelaunt, was sich auf den Erzähler auswirkt, der dann Informationen freimütig preisgibt.
Über 92 Prozent der Kommunikation läuft nonverbal ab oder wird von der Stimmlage beeinflusst. Das bedeutet, dass die Körpersprache oder die Art und Weise, wie Sie etwas sagen, wichtiger ist als die eigentlichen Worte, die Sie benutzen. Um die Beweggründe und die Einstellung Ihres Gegenübers nachvollziehen zu können, müssen Sie das, was nicht gesagt wird, genauso wahrnehmen, wie das, was gesagt wird.

Ebene 4 – Empathisches Zuhören

Der Zuhörer möchte sowohl aktiv zuhören als auch ein gutes Verständnis der folgenden Dinge erreichen:
- ▶ **S**ituationen aus der Sicht des Erzählers,
- ▶ **A**ktionen,
- ▶ **M**entaler Status – Gedanken und Gefühle,
- ▶ **E**rfahrungen aller Beteiligten (Bailey & Egan, 1999).

Zusätzlich zum Zuhören nimmt der Zuhörer non-verbale Reaktionen wahr und spiegelt sein Verständnis, um angemessene Empathie zeigen zu können (s. u.). Er bemerkt
- ▶ Auslassungen und Verallgemeinerungen des Erzählers,
- ▶ Veränderungen der Körperbewegungen und Rhythmen,
- ▶ Veränderungen der Mimik – Lächeln, Stirnrunzeln, hochgezogene Augenbrauen,
- ▶ Veränderungen in den Augen,
- ▶ Veränderung der automatischen Reaktionen – Atmung, Erröten, Erblassen,
- ▶ die stimmliche Qualität – Klangfarbe, Lautstärke, Geschwindigkeit, Pausen, Stille,
- ▶ Mehrdeutigkeiten,
- ▶ Andeutungen auf Gefühle.

Der Zuhörer gleicht das eigene Verständnis ständig mit dem Erzähler ab.

Ebene 5 – Zuhören, um Diskrepanzen zu entwickeln

Der Zuhörer möchte das oben beschriebene **SAME**-Zuhören auszubauen, um zentrale Werte und Überzeugungen, die möglicherweise dem Erzähler selbst nicht bewusst sind, zu verstehen.

Zusätzlich zu der Fertigkeit des Zuhörens spiegelt der Zuhörer die wahrgenommenen Bedeutungen, Gefühle und Widersprüche, um sicherzugehen, dass er sie richtig verstanden hat. Die Fertigkeiten, die außerdem benötigt werden, um Diskrepanzen zu entwickeln, werden in Kapitel 12 beschrieben.

7.2 Mit den Augen zuhören

Mehrabian (1972) hat herausgefunden, dass sich Kommunikation aus den folgenden Aspekten zusammensetzt:

▶ 8 % Worte
▶ 34 % Verwendung der Stimme (Stimmlage, Klang, Tonfall)
▶ 58 % Nonverbales Verhalten

Einige Vorsichtsmaßnahmen beim Interpretieren der Körpersprache

Einige Autoren beschreiben universelle Zeichen der Körpersprache, die entsprechend interpretiert werden können, wenn man nur ausreichend qualifiziert ist. In einer Untersuchung wurden Bilder von Augen gezeigt und die Testpersonen sollten ihre eigene emotionale Intelligenz testen, indem sie die Emotionen, die jedes Bild ausdrückte, einschätzten. Dabei wurden kein Zusammenhang, keine weiteren Informationen und keine Gelegenheit gegeben, diese Menschen und ihre gewohnten Verhaltensweisen kennenzulernen.

Beispiel

Wenn man das Gesicht eines ekstatischen Fans bei einem Popkonzert fotografiert und aus dem Zusammenhang gerissen zeigt, könnte der Ausdruck durchaus als Angst gewertet werden anstatt als extreme Aufregung.

Es gibt durchaus menschliche Ausdrucksweisen, deren Kenntnis nützlich ist als Basis zur Deutung von Emotionen. Aber für jeden Einzelnen kann es ein Dutzend Gründe geben, warum diese Ausdrücke irgendwann einmal modifiziert worden sind und so inzwischen eine ganz andere Bedeutung ausdrücken können. Beispielsweise ist es für manche Menschen nicht ungewöhnlich zu weinen, wenn sie wütend sind. Auch unterschiedliche Kulturen haben unterschiedliche Körpersprachen.

Körpersprache und Kultur

Angemessener Blickkontakt verstärkt Rapport. Aber das, was etwa von zwei Männern westlicher Herkunft als angemessen empfunden wird, kann etwa von Frauen oder Menschen anderer kultureller Herkunft möglicherweise anders beurteilt werden.

Ebenso hat der Abstand, den wir zu anderen Menschen während der Konversation einhalten, wichtige Auswirkungen. Wenn wir zu weit entfernt stehen, erscheinen wir distanziert und uninteressiert. Was aber als zu nah und dadurch als unangenehm empfunden wird, variiert je nach Kultur und Geschlecht.
Ihre Kleidung sollte Ihrer Rolle angemessen sein. Kleidung vermittelt eine Botschaft. Verschiedene Religionen und Kulturen haben unterschiedliche Vorstellungen über angemessene Kleidung, und wenn man in dieser Hinsicht bestimmte Grenzen überschreitet, kann das zu Unbehagen führen.

Kleine Bewegungen wie Nicken oder Kopfschütteln transportieren ebenfalls Botschaften. Man interpretiert vielleicht das erste als Zustimmung und das letzte als Ablehnung. Debra Tannen (1992) hat hingegen herausgefunden, dass Frauen dazu neigen, beim Zuhören mit dem Kopf zu nicken, um den Erzähler zu ermutigen, fortzufahren und nicht, um Zustimmung zu signalisieren. In einigen Kulturen bedeutet Kopfschütteln sogar eher »Ja« als »Nein«.

Verstehen nonverbaler Sprache durch Überprüfen

Wenn im Innern einer Person etwas Bedeutendes passiert, spiegelt es sich oft in der Körpersprache und besonders im Gesicht wider, vielleicht eine kleine Bewegung der Lippen oder eine Veränderung in den Augen. Menschen sind so sozialisiert, dass sie auch kleinste Änderungen des Gesichtsausdrucks wahrnehmen können. Sie sagen uns vielleicht nicht genau, *was* im Inneren der anderen Person passiert ist, aber *dass* etwas Wichtiges passiert ist.

Wenn Ihnen eine solche Veränderung im Gesichtsausdruck oder in der Körpersprache bei Ihren Klienten auffällt, kann dies mit einer Spiegelung aufgegriffen werden: »Das war sicher schmerzhaft für Sie«, oder »Ich bemerke, dass Sie aufgebracht sind«. Besser noch beschreiben Sie das, was Sie gesehen haben: »Sie haben die Augen zugekniffen und für einen Moment den Kopf sinken lassen.« Sie können dann die Bedeutung, die der Patient der Sache beimisst, erfahren, anstatt selbst etwas hinein zu interpretieren.

Auf Gefühle hören

Möglicherweise hat man zu Ihnen schon einmal gesagt, »Ich weiß, wie du dich fühlst«, und Sie haben das als eine Art Bevormundung empfunden. Niemand kann wirklich wissen, wie jemand anders sich fühlt, deshalb spiegelt man bei der Verwendung eines motivierenden Gesprächsansatzes auch lediglich, was man gesehen, gehört und verstanden hat. Das nächste Kapitel (Kap. 8) befasst sich detailliert mit der Kunst des Spiegelns, aber einige Beispiele für angemessenes Spiegeln non-verbaler Informationen sind bereits an dieser Stelle von Nutzen, da wir uns mit der Frage befassen, wie man sinnvoll »mit den Augen zuhören« kann.

Beispiel

▶ »Ich habe bemerkt, dass Sie die Faust geballt haben, als wir angefangen haben, über John zu sprechen.«
▶ »Lediglich an diese Situation zu denken, macht Sie offenbar wütend.«

Beim Spiegeln sollte die Stimmlage sanft und ein wenig nachdenklich sein, sie darf nicht anklagend wirken. Wenn man Verständnis für die Gefühle der Klienten signalisiert, führt das oft dazu, dass diese noch mehr von sich preisgeben. Wenn Sie dann einige Dinge weiter ausführen oder näher erläutern, können Sie einen noch besseren Eindruck ihrer aktuellen Situation erhalten.

Einige Berater oder Coachs fühlen sich unwohl dabei, über Gefühle zu sprechen und überlassen dieses Feld lieber anderen. »Ich bin kein Therapeut, was ist, wenn ich etwas entdecke, womit ich nicht umgehen kann?« Ein Berater aber, der sich vor Gefühlen scheut, wird vermutlich als wenig unterstützend wahrgenommen werden. Wenn jemand von seinen Gefühlen überwältigt wird, ist es notwendig, zuzuhören, statt Ratschläge zu geben oder es einfach zu ignorieren. Gibt man jemandem den Raum und die Zeit, über seine Gefühle zu sprechen, hilft ihm das häufig, die Kontrolle über seine Situation zurückzugewinnen. Es gibt ihm Kraft und hilft ihm, seine Veränderungsmotivation zu stärken.

Nonverbale Informationen verwenden

Wie reagieren Sie auf die Fotos, die Sie hier sehen? Nutzen Sie sie, um mögliche Formen des Spiegelns einzuüben, und denken Sie auch an die anderen Informationen, die hinter dem Ausdruck verborgen sein können. Es gibt natürlich keine richtigen oder falschen Antworten, nur die Personen selbst können Ihnen echte Antworten auf Ihre Vermutungen liefern.

Der Ausdruck	Wie könnten Sie Ihr Verständnis des Ausdrucks durch Spiegeln überprüfen?	Nach welchen zusätzlichen Informationen könnten Sie suchen?
	Beispiel: »Sie scheinen enttäuscht zu sein, als ob Sie etwas anderes gehofft hätten«	Beispiel: Herausfinden, was diese Klientin enttäuscht hat. (Es könnte das Leben sein, aber auch dieses Gespräch.)

(Fotos verwendet mit Genehmigung von Phil Taylor und Catherine Fuller, 2007)

Die Übungen am Ende von Kapitel 4 zum Thema Rapport und Kapitel 16 zum Thema Weiterentwickeln Ihrer motivierenden Fertigkeiten sind ebenfalls nützlich, um gutes Zuhören zu üben.

Zusammenfassung

Die Fähigkeit zum guten Zuhören kann nicht als selbstverständlich angesehen werden. Selbst wenn Sie prinzipiell über ausgezeichnete Fähigkeiten zum Zuhören verfügen, können diese durch die Umstände, unter denen Sie arbeiten, beeinträchtigt werden. Die Motivierende Gesprächsführung basiert auf dem Zuhören mit Augen und Ohren: Rapport, genaue Informationen und Bestätigung des Klienten hängen davon ab. Gutes Zuhören ist kein passiver Vorgang, es ist notwendig, dass der Therapeut dabei auf den Klienten eingeht.

Das nächste Kapitel zeigt, wie die Fertigkeiten des aktiven Zuhörens und des Zusammenfassens das Zuhören verbessern und Empathie aufbauen können.

KAPITEL 8 /

Zusammenfassen und aktives Zuhören

>»Man kann einen Menschen nichts lehren, man kann ihm nur helfen, es in sich selbst zu entdecken.«
>
> Galileo Galilei

Zusammenfassen und aktives Zuhören beinhalten, dass Sie auf die Ausführungen Ihrer Klienten reagieren, indem Sie ihnen sagen, wie Sie diese verstanden haben. Man könnte es auch als eine Art Kunstform bezeichnen, die es dem Klienten ermöglicht, seine Welt zu erklären, ohne dass der Therapeut ihm ein »Drehbuch« dafür schreibt, also konkrete Vorgaben gibt.

Aktives Zuhören
(1) Dinge näher erläutern
(2) den Klienten wissen lassen, was man versteht
(3) Offenheit unterstützen
(4) Eigenverantwortung fördern
(5) Diskrepanzen entwickeln
(6) eine Gesprächssituation gestalten

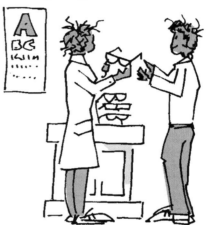

8.1 Fertigkeiten entdecken

Dinge näher erläutern: Überprüfen Sie die Geschichte, die Sie hinter Ihrem Klienten vermuten

Menschen neigen dazu, Geschichten zu konstruieren, um nachzuvollziehen, was sie zu wissen glauben.

Was immer Sie denken, mit Ihren Augen und Ohren wahrgenommen zu haben, muss durch Zusammenfassen und Spiegeln geprüft werden. Der Mensch ist praktisch nicht in der Lage, sich objektive Erklärungen über das, was in der Welt geschieht, zu beschaffen, geschweige denn, über das, was in einem anderen Menschen vorgeht. Bei unseren Versuchen, den Dingen, die wir sehen und hören, einen Sinn zu geben, werden die Informationen, die wir durch unsere fünf Sinne erhalten, durch unser Gehirn »gefiltert«. Bereits vorhandene Konzepte und Geschichten lassen uns dabei einige der Informationen ignorieren, andere wiederum betonen. Auf diese Weise bauen wir eine Geschichte auf, die zusammen mit den vorhandenen Hinweisen einen Sinn ergibt. Vor dem Hintergrund dieses Verständnisses sind wissenschaftliche Theorien daher im Prinzip auch »Geschichten«, die dem Wissenschaftler am besten zu den vorliegenden Erkenntnissen zu passen scheinen. Wenn mehr empirische Beweise vorliegen, werden die Theorien entsprechend modifiziert.

Das heißt, dass Sie es in einer Therapiesituation eigentlich nicht mit echten Fakten zu tun haben, sondern versuchen, der Realität Ihres Klienten zuzuhören und es ihm vielleicht möglich zu machen, selbst zu erkennen, dass er die Wahl hat, seine Welt zu ändern, wenn er es will. Wenn Sie seine Welt allerdings nicht oder falsch verstehen, wird er es schwierig finden, auf die Therapie anzusprechen. Wenn Sie dem Klienten aber Ihr Verständnis rückmelden, erlaubt das diesem, das Missverständnis richtigzustellen, wodurch Sie angemessene Empathie entwickeln können.

Den Klienten wissen lassen, was man versteht – Empathie

> Als Empathie bezeichnet man die Qualität von Verstehen, wie sie vom Klienten empfunden wird.

Empathie ausdrücken heißt, die andere Person wissen zu lassen, wie Sie ihre Äußerungen verstehen, ohne dabei zu beurteilen. Empathie ist nicht eine Art von Verständnis, das Sie dem Klienten entgegenbringen, sondern vielmehr die *Qualität des Verstehens, wie sie vom Klienten empfunden wird.* Empathie ist also beides: ein richtiges Verständnis über die andere Person zu haben *und* diese wissen zu lassen, wie dieses aussieht. Es ist nicht genug, zu wissen, was Ihr Klient meint, er muss sich von Ihnen verstanden *fühlen*. Dies kann nur geschehen, wenn Sie ihm rückmelden, was bei Ihnen angekommen ist, also was Sie verstanden haben.

Ein Verstehen dieser Art beinhaltet keinerlei Beurteilung von Ihrer Seite. Sie müssen weder in allem übereinstimmen noch anderer Meinung sein, Sie können sich aber in die Situation des Klienten hineinfühlen. Aktives Zuhören erreicht genau das, weil Sie nur mit den Informationen arbeiten, die Sie von der anderen Person bekommen haben. Nichts von Ihnen selbst oder Ihren eigenen Erfahrungen wird einbezogen.

Empathie belässt die Kontrolle über Veränderungen, die Verantwortung und die Entscheidungen völlig beim Klienten. Dies ist ein essentieller Bestandteil der Motivierenden Gesprächsführung.

Offenheit unterstützen

> Spiegeln ermutigt den Klienten, mehr von sich zu erzählen.

Wenn Sie etwas falsch verstehen oder Gefühle falsch interpretieren, gibt das Spiegeln des Verstandenen dem Klienten nicht nur die Möglichkeit, die Dinge richtigzustellen, sie ermutigt auch, ein vollständigeres Bild des Umstands zu zeichnen, den Sie falsch verstanden haben.

Wie es funktioniert. Therapeuten und Berater, die sich erstmals intensiv mit dem Spiegeln auseinandersetzen, denken oft, dass es anstrengend wirken kann, immer nur das zu wiederholen, was man gehört hat. Sie empfinden es so, als drehe sich das Gespräch im Kreis und bestünde nur aus Wiederholungen. Was in der Praxis passiert, ist aber etwas ganz anderes. Wenn der Therapeut im Spiegeln geübt ist, reagiert der Klient normalerweise, indem er mehr zu dem sagt, was gespiegelt wurde. Im Anschluss an eine Spiegelung sind keine Fragen erforderlich. Lassen Sie Ihre Worte einfach im Raum stehen. Wenn hier geschickt vorgegangen wird, kann das Gespräch zwischen Therapeut und Klient »fließen« – alle Informationen aber gehen vom Klienten aus. Der Therapeut selbst beschränkt sich auf das Spiegeln (und stellt gelegentlich offene Fragen).

Wirksamkeit. Dieses Vorgehen ist so wirkungsvoll, dass Klienten manchmal sehr schnell persönliche und lang verschwiegene Informationen über sich preisgeben. Manchmal sind sie sich Themen sogar überhaupt nicht bewusst, bis sie sie laut aussprechen. Es ist darauf zu achten, dass die Umstände und die professionelle Absicht des Gesprächs im angemessenen Verhältnis zum Umfang dieser Offenheit stehen.

Eigenverantwortung fördern

> Nur die Klienten selbst können wissen, was ihnen wirklich wichtig ist.

Spiegeln hilft sicherzustellen, dass das, was Klienten Ihnen sagen, nicht auf eine bestimmte Art und Weise durch Ihre Annahmen über die jeweiligen Klienten interpretiert wird. Alle Informationen gehen immer vom Klienten selbst aus, er entscheidet auch, was wichtig für ihn ist.

Es kann sein, dass Sie immer wieder überrascht sein werden, was Ihre Spiegelung auslöst; wie eine sich langsam entfaltende Geschichte eine unerwartete Wendung nimmt, die oft dem widerspricht, was Sie gedacht haben oder was Sie eigentlich aus dem Klienten »herauskitzeln« wollten. Durch eine zwischenzeitliche Spiegelung, in der kurz die Themen des Gesprächs angerissen werden, die Sie als wichtig ansehen, werden häufig die wirklichen Anliegen, die ansonsten verborgen geblieben wären, offengelegt. Während der Exploration der Geschichte des Klienten und der Erstellung einer Motivationswaage führt das Spiegeln mit einigen offenen Fragen oft dazu, dass der Klient sich öffnet und sagt, was wirklich wichtig für ihn ist.

Werden die Schwerpunkte des therapeutischen Gesprächs ausschließlich vom Klienten selbst bestimmt, hat das wichtige Konsequenzen für die Motivationsarbeit. Der Klient ist imstande, Verantwortung für seine Geschichte zu übernehmen, eben weil sie ausschließlich von ihm kommt. Seine Geschichte wird nicht durch Vermutungen oder Unterbrechungen des Therapeuten verzerrt.

> Eigenverantwortung im Stil des Spiegelns kann folgendermaßen betont werden: »Was Sie vorher gesagt haben, war ...«, oder: »Also, was Sie zu mir sagen, ist ...«.

Diskrepanzen entwickeln

Entwickeln Sie Diskrepanzen, indem Sie die eigenen Worte des Klienten verwenden.

Während eines therapeutischen Gesprächs sollte alles erst einmal vom Klienten selbst ausgehen – so wird er sich irgendwann selbst mit der Kluft zwischen seinen langfristigen Zielen und seinem derzeitigen Verhalten konfrontieren. Daraus kann sich das Bedürfnis und letztlich die Verantwortung für eine Veränderung entwickeln – in anderen Worten: die Veränderungsmotivation. Durch vorsichtiges Spiegeln dessen, was der Klient gesagt hat, kann er auch unterstützt werden, diese Diskrepanzen selbst zu erkennen. Ein solches Spiegeln sollte aber immer als reine Information angesehen werden, nie als Argument für die Veränderung.

Wenn Sie versuchen, Lösungen zu finden, Ratschläge zu geben, zu beurteilen oder eigene Erfahrungen mit einzubeziehen, geht die Verantwortung für die Veränderung auf Sie über und der Klient gelangt die die Position, Gegenargumente oder mögliche Hindernisse für die Veränderung einzubringen. Solche Gegenargumente sind aber schwierig einzubringen, wenn alle Grundlagen, Argumente und Informationen, mit denen gearbeitet wird, ohnehin von ihm selbst kommen und auch von ihm selbst überprüft wurden.

8.2 Eine Gesprächssituation gestalten

Der Gesprächsverlauf wird durch das bestimmt, was Sie spiegeln.

Reflektierendes bzw. aktives Zuhören kann viele Formen annehmen – je nachdem, wie sich ein Gespräch entwickelt. Ein therapeutisches Gespräch folgt aber immer einem Ziel und hat eine bestimmte Struktur. Sie bemühen sich, die Veränderungsmotivation zu verstärken, indem Sie den Klienten dazu anregen, seine Motivationswaage zu explorieren. Die Vor- und Nachteile, so zu bleiben wie man ist, und die Vor- und Nachteile der Veränderung werden untersucht, um den Klienten dazu zu bringen, diese gegenüberzustellen und sie in Beziehung zu seinen langfristigen Wünschen und Zielen zu setzen (s. Kap. 11 und 12 für die detailliertere Beschreibung der Motivationswaage). Ihr Verhalten bestimmt die Gesprächssituation, durch das, *was* Sie spiegeln und *wie* Sie es spiegeln. Verschiedene Möglichkeiten von Spiegeln sind in Tabelle 8.1 beschrieben.

Tabelle 8.1 Verschiedene Arten von Spiegeln

Worte	Worte spiegeln Die einfachste Form ist es, die vom Klienten gebrauchten Worte zu verwenden. **Absicht:** Angemessene Empathie; Offenheit des Klienten unterstützen; Annahmen überprüfen.

Bedeutung	**Bedeutung spiegeln** In eigenen Worten wiedergeben, welche Bedeutung man bisher erfasst hat. **Absicht:** Angemessene Empathie; Offenheit des Klienten über die Bedeutung des Gesagten unterstützen: überprüfen, ob man die Bedeutung des Gesagten richtig verstanden hat; das Gespräch auf einen bestimmten Aspekt der Bedeutung lenken.
Nonverbales	**Nonverbale Aspekte spiegeln** Körpersprache reflektieren, die man für bedeutsam erachtet. **Absicht:** Verstehen, welche nonverbalen Zeichen wichtig sein könnten; überprüfen, ob die nonverbalen Signale richtig interpretiert wurden; Feingefühl für den Klienten als Person und die Art, wie er seine Sorgen anders als mit Worten zum Ausdruck bringt, zeigen.
Emotionen	**Emotionen spiegeln** Emotionen und Gefühle wiedergeben. **Absicht:** Wir können keine Gedanken lesen, aber oft vermuten wir Gefühle eines anderen. Es kann sein, dass Sie Ihre Interpretationen der Gefühle Ihres Klienten überprüfen müssen, um weitere Offenheit zu unterstützen und um den Schwerpunkt auf eine bestimmte Emotion zu lenken.
Konzentration auf einen Aspekt	Sich auf einen Aspekt konzentrieren (Worte oder Stimmlage) **Absicht:** Kann Ihnen dabei helfen, hinter einer »aufgebauschten« Darstellung eines Klienten das zu entdecken, was wirklich dahinter steckt; kann eingesetzt werden, um eine Seite der Geschichte besonders hervorzuheben oder das Gespräch in eine bestimmte Richtung zu lenken.
Zusammenfassen	**Das bisher Gesagte zusammenfassen** Zusammenfassen, was bisher im Gespräch oder in der letzten Sitzung angesprochen wurde. **Absicht:** Eine Möglichkeit, um ein Gespräch zu beginnen oder das aktuelle Gespräch abzurunden. Kann sinnvoll sein, um Dinge noch einmal zu wiederholen, besonders wenn der Therapeut nicht sicher ist, wie er fortfahren soll. Oft folgt daraus verstärkte Offenheit auf Seiten des Klienten. Wenn dadurch sogar ein neuer Bereich exploriert wird, hat der Klient in jedem Fall selbst entschieden, wie es weitergehen soll. Wenn dagegen nur wiederholt wird, kann das bedeuten, dass noch bezüglich einiger Punkte Ambivalenz vorhanden ist. Regelmäßige Zusammenfassungen helfen dem Klienten, sich verstanden zu fühlen (Empathie) und die eingeschlagene Richtung beizubehalten.

	Selektives Zusammenfassen **Absicht:** Wird eingesetzt, um sich auf bestimmte Aspekte zu konzentrieren und das Gespräch in eine bestimmte Richtung zu lenken. **Abwägendes Zusammenfassen** Stellt die Vor- und Nachteile heraus, die bisher erarbeitet wurden. **Absicht:** Eine Zusammenfassung von Zielen, die versucht, die Diskrepanzen zwischen dem aktuellen Verhalten und den langfristigen Zielen darzustellen. Kann selbstmotivierende Aussagen auslösen. Die Zusammenfassung sollte sich auf die eigenen Worte des Klienten beziehen: »Vorhin haben Sie gesagt …«, »Aber Sie haben auch …«
Die Kunst des Spiegelns	**Die Kunst des Spiegelns ist, …** … all diese Arten in Teilen oder gemischt einzusetzen, und das in Ihrem eigenen Stil. Das ist die Fertigkeit, die während der Exploration der Probleme, der Ambivalenz, der Abwägung von Veränderungsmotivation und den kurz- und langfristigen Zielen benötigt wird, um dem Klienten zu helfen, Diskrepanzen selbst zu erkennen. Der Einsatz des oben Genannten wird selbst in seiner schlichtesten Form lohnende Ergebnisse erzielen.

AB 18 /

Gruppenübung: Zusammenfassen und aktives Zuhören

Diese einfache Übung ist besonders geeignet für Therapeuten, denen die »Kunst des Spiegelns« noch neu ist. Die Übung hilft dabei zu erfassen, woran man eine Spiegelung erkennt und zeigt, wie Ihre Klienten davon profitieren können.

Die Übung

(1) Bitten Sie einen Freiwilligen aus der Gruppe, zwei oder drei Minuten lang die Zusammenarbeit mit einem Klienten zu beschreiben, dem er mit ambivalenten Gefühlen gegenübersteht oder wo er einfach nicht weiterkommt. Eine Alternative könnte sein, dass er seinen Weg zur Arbeit an dem jeweiligen Morgen beschreibt. Es geht nur darum, eine kurze Beschreibung zu hören. Bevor er zu erzählen beginnt, erklären Sie, dass Sie einige Leute bitten, dem, was gesagt wird, besonders gut zuzuhören und es in verschiedener Art und Weise zu spiegeln. Wichtig ist, dass die Zuhörer so positioniert sind, dass sie den Erzählenden auch sehen können, sonst sind sie nicht in der Lage, sowohl mit den Augen als auch den Ohren zuzuhören.

(2) Nach der Erzählung bitten Sie jeden anderen Zuhörer, sich dem Erzählenden zuzuwenden und ihm eine direkte Spiegelung des Gesagten zu geben. Der Erzählende kann darauf reagieren, wie er möchte. (Notieren Sie sich die jeweiligen Reaktionen.)
   ▶ Der Erste gibt dem Erzähler eine einfache Spiegelung des *Inhalts*.
   ▶ Der Nächste fasst die *Bedeutung* des Gesagten zusammen.
   ▶ Der Nächste reflektiert jede Form *non-verbalen Verhaltens*, die er bemerkt hat.
   ▶ Der Nächste reflektiert die *Gefühle*, die er glaubt, verstanden zu haben.
   ▶ Der Fünfte *konzentriert* sich nur auf einen einzigen Aspekt des Gesagten.

(3) Nachdem alle fünf Gruppenmitglieder reflektierende Rückmeldungen gegeben haben, fragen Sie den Erzählenden nach seiner Reaktion auf diese. Überprüfen Sie, ob er sich verstanden fühlt (angemessene Empathie). Überprüfen Sie, ob sein Anliegen für ihn in jeder Hinsicht erläutert wurde. Geben Sie positives Feedback für gute Beispiele von Spiegeln. Fügen Sie hinzu, was Sie selbst beobachtet haben, wie der Erzählende auf das Spiegeln reagiert hat.

(4) Wiederholen Sie die Übung, indem Sie die nächste Person bitten, etwas Ähnliches zu beschreiben und bitten Sie die übrigen Personen, wie zuvor zu reflektieren. Geben Sie Feedback und wiederholen Sie die Übung, bis alle, einschließlich derer, die Ihre Erlebnisse beschreiben, die Gelegenheit zum Spiegeln hatten.

(5) Heben Sie hervor, was hilfreich war. Dabei sollten Sie jede Reaktion aufschreiben, die Sie für bemerkenswert halten, um zu zeigen, wie das Spiegeln anderer dabei helfen kann, eigene Gefühle und Erfahrungen zum Ausdruck zu bringen. So könnte der Erzählende die Aussagen der Reflektierenden entweder richtigstellen, ihnen weiterführende Informationen geben oder kann einfach nicken, wenn die Emotion genau beschrieben wurde.

Aktives Zuhören – Teil 1

Mögliche Bedeutungen

Das Wesen des reflektierenden bzw. aktiven Zuhörens ist es, die Bedeutungen der Aussagen Ihres Klienten einzuschätzen und zu spiegeln. Schlagen Sie für die folgenden Aussagen verschiedene mögliche Bedeutungen vor, die man spiegeln könnte.

»Das nervt mich.«

Bedeutungen:

»Ich bin kein Rassist.«

Bedeutungen:

»Vielleicht war es doch keine so gute Idee.«

Bedeutungen:

Aktives Zuhören – Teil 2

Mögliche Spiegelungen

Nach Prüfung möglicher Bedeutungen auf Arbeitsblatt 19 notieren Sie jetzt, wie Sie tatsächlich eine Spiegelung als Reaktion auf die folgenden Aussagen geben würden.

»Das nervt mich.«

»Ich bin kein Rassist.«

Aktives Zuhören – Teil 2

»Vielleicht war es doch keine so gute Idee.«

Aktives Zuhören – Teil 1
Beispiel AB 19

Mögliche Bedeutungen

Bedenken Sie, dass es keine richtigen Antworten gibt, sondern nur welche, die für den jeweiligen Klienten angemessen erscheinen.

>>Das nervt mich.<<

Ich verstehe das alles nicht.

Ich bin verwirrt.

Ich werde böse.

Ich fühle mich aufgeregt und verletzt.

Ich habe angefangen zu verstehen, dass man es auch anders sehen kann.

Ich habe immer gedacht, dass das, was ich tue in Ordnung ist, aber jetzt weiß ich es nicht mehr.

Ich brauche Raum, um darüber nachzudenken.

>>Ich bin kein Rassist.<<

Ich möchte nicht in eine Schublade gesteckt werden.

Ich glaube nicht, dass ich Vorurteile gegen Ausländer habe.

Ich möchte nicht, dass Sie denken, ich wäre ein Rassist.

Ich möchte kein Fanatiker sein.

Ich bin eigentlich gegen Rassismus, obwohl manche Dinge die ich tue, rassistisch sind.

Aktives Zuhören – Teil 1
Beispiel AB 19

»Vielleicht war es doch keine so gute Idee.«

Ich fühle mich nicht gut mit meinem Verhalten.

Vielleicht werden andere Menschen dadurch verletzt.

Es könnte Nachteile haben.

Ich hätte auch etwas anderes machen können.

Aktives Zuhören – Teil 2
Beispiel AB 20

Mögliche Spiegelungen

Bedenken Sie, es gibt keine richtigen Antworten, sondern nur solche, die für einen Klienten nützlicher sein könnten als für einen anderen.

»Das nervt mich.«

Sie brauchen Raum, um darüber nachzudenken.

»Ich bin kein Rassist.«

Sie halten Beurteilungen und Schubladendenken für wenig hilfreich.

 ▶

Aktives Zuhören – Teil 2
Beispiel AB 20

>>Vielleicht war es doch keine so gute Idee.<<

Es klingt so, als würden Sie denken, dass Sie andere Dinge hätten tun können, die hilfreicher gewesen wären.

Zusammenfassung

Es ist sehr wichtig, darauf zu achten, welche Reaktionen Sie bekommen und die Richtung zu wechseln, wenn Sie merken, dass der Klient nicht auf Ihre Vorgehensweise anspricht. Dies gilt ganz besonders dann, wenn es »Ja aber …«-Aussagen oder Auseinandersetzungen gibt, denn auch dazu gehören immer zwei Personen!
Aktives Zuhören ist das »Herzstück« der Motivierenden Gesprächsführung und ein Weg, auf nichtkonfrontierende Art und Weise den Klienten mit den Diskrepanzen zwischen seinen kurzfristigen und langfristigen Zielen zu konfrontieren.

Aktives Zuhören kann ergänzt werden durch den Einsatz offener Fragen – diese werden im nächsten Kapitel thematisiert.

KAPITEL 9 /

Offene Fragen stellen

> »Der Anfang von Wissen ist die Entdeckung von etwas, das wir nicht verstehen.«
>
> Frank Herbert

Die Einbeziehung offener Fragen in ein Gespräch kann ein sehr nützlicher Weg sein, mehr Informationen zu erhalten und den Wunsch nach Veränderung beim Klienten zu stärken. Um effektiv zu sein, müssen diese Fragen im Zusammenhang mit den bereits vorgestellten Fertigkeiten des Zuhörens und Spiegelns gestellt werden. Offene Fragen sind besonders wirkungsvoll, wenn der Therapeut den Klienten wirklich respektiert und die Beweggründe für sein aktuelles Handeln verstehen will.

9.1 Was sind offene Fragen?

Die Frage in der Überschrift ist bereits eine offene Frage. Sie kann nicht mit einem einzigen Wort beantwortet werden. Sie fordert die Person auf, die Frage zu hören oder zu lesen, darüber nachzudenken und eine ausführliche Antwort zu geben.

Wissen Sie, was offene Fragen sind? Auch wenn diese Frage mit einem »Ja« beantwortet wird, sind weitere offene Fragen nötig, um genau aufzuschlüsseln, was unter einer offenen Frage zu verstehen ist. Geschlossene Fragen können mit »ja« oder »nein« beantwortet werden. Beispiele: »Haben Sie …?«, »Haben Sie darüber nachgedacht …?«, »Möchten Sie …?«

Beispiel

Beispiele für geschlossene Fragen

Obwohl dies scheinbar ganz klare Aussagen sind, wissen wir nicht, was der Klient tatsächlich verstanden hat oder wie das »Ja« möglicherweise durch Vorbehalte, Ambivalenzen oder falsches Verständnis eingeschränkt wird.

Wenn Personen gefragt werden, was offene Fragen sind, sind die ersten Einfälle meist die folgenden:

► Wo?
► Warum?
► Wer?
► Was?
► Wann?
► Wie?

Wenn man aber weiter darüber nachdenkt, wird vielen schnell bewusst, dass es sich bei Wer?, Wo?, Wann? und Wie viel? um halboffene Fragen handelt, weil sie meist nicht mehr entlocken als Antworten, die lediglich aus ein oder zwei Worten bestehen. Fragen wie diese können verwendet werden, um Kenntnisse über bestimmte Tatsachen zu überprüfen oder Angaben zu bestätigen.

Beispiel

Beispiele für halboffene Fragen

Vollständig offene Fragen werden gebraucht, um Aufschluss über individuelles Denken und Fühlen zu verschaffen. Auf diese Art und Weise können wir beginnen, die Situation des Klienten zu explorieren und zu verstehen. Offene Fragen beginnen oft mit:

▶ Was …?
▶ Erzählen Sie mir davon?
▶ Wie ist das passiert?
▶ Wie fühlen Sie sich?

Ohne die Einbeziehung von offenen Fragen und aktivem Zuhören werden die persönlichen Vor- und Nachteile der Teilnahme an der Therapie oder Beratung vom Klienten oft nicht ausgesprochen oder sogar nicht erkannt. Das Äußern von Gründen für eine Veränderung ist die eigentliche Absicht offener Fragen.

Warum »Warum-Fragen« nicht immer funktionieren

Ein wichtiger Teil der Therapie- und Beratungssitzungen, in denen man eine Veränderung erzielen möchte, ist es, zunächst einmal die Gründe und die Motivation für das aktuelle Verhalten des Klienten herauszufinden. Die erste Frage, an die wir dabei denken, ist »Warum?«

»Warum?«-Fragen sind offene Fragen, können aber unabsichtlich einen kritischen Unterton haben. Viele erinnert es daran, auf diese Art und Weise ausgefragt worden zu sein, wenn sie als Kind etwas falsch gemacht hatten: »Warum hast du das gemacht?« Man hat sie aufgefordert, etwas zu erklären, wobei bereits impliziert wurde, dass sie einen Fehler gemacht hatten.

»Warum?«-Fragen können außerdem schwer zu beantworten sein. Sie unterstellen, dass es einen klaren Grund geben *muss*. Kinder, Eltern und erwachsene Klienten antworten aber häufig: »Ich weiß nicht, es ist einfach passiert«. Wenn Sie eine solche Antwort bekommen, versuchen Sie die Frage umzuformulieren in eine »Was ist mit …?«-, »Erzählen Sie mir etwas über …« – oder »Wie …?«-Frage.

Wenn Sie also einen jugendlichen Klienten fragen, »Warum hast du mit deinen Freunden geraucht?« und die Antwort erhalten, »Ich weiß nicht, es ist einfach passiert« oder »Jeder tut das«, dann versuchen Sie es einmal mit den folgenden Fragen:

▶ Welche Rolle haben deine Freunde dabei gespielt, dass du beschlossen hast, zu rauchen?
▶ Was hast du gedacht, als die anderen rauchten?
▶ Was ist genau passiert, kurz bevor auch du zur Zigarette gegriffen hast?

Spiegeln und offene Fragen können genutzt werden, um den Hintergrund einer Handlung zu erkennen und die Situation zu verstehen, in der sich der Klient befindet. Mit diesem Hintergrundwissen können Sie weiterhin gezielt offene Fragen einsetzen und damit beginnen, alternative Denk- und Verhaltensweisen zu untersuchen.

Offene Fragen eignen sich also vor allem für Folgendes:

(1) Mehr Hintergrundwissen zur Situation des Klienten erlangen
(2) Überprüfen, ob der Klient verstanden hat, was man von ihm erwartet

Eine genaue Einschätzung der persönlichen Situation, Gedanken und Gefühle ist der erste Schritt bei der Ausarbeitung der Ursachen, die für das eigentliche Problem verantwortlich sind.

Ein weiterer, wertvoller Einsatz für offene Fragen ist es, beim Klienten den Wunsch zur Veränderung zu wecken sowie die Zuversicht, dass er die Veränderung schaffen kann. Offene Fragen können in der sogenannten sokratischen Gesprächsführung eingesetzt werden, hier ist es sinnvoll, die Veränderung im Rahmen des Kreislaufs der Veränderung (s. Kap. 1) einzubetten. Diese Art von offenen Fragen wird in Kapitel 12 besprochen.

Aufforderungen

Einen Klienten aufzufordern, seine Situation zu beschreiben oder zu erklären, kann in der gleichen Weise funktionieren wie offene Fragen. Eine Aufforderung wird häufig auch als offene Frage bezeichnet, auch wenn es sich grammatikalisch eigentlich um einen Imperativ handelt. Die Stimmlage und der Kontext entscheiden, ob es als offene Frage oder als Aufforderung empfunden wird. Die Worte »Würden Sie bitte …?« sollten nicht verwendet werden, weil die Aufforderung so wiederum zu einer geschlossenen Frage wird. Aber wie in allen Gesprächen sind auch im Therapiegespräch nicht die Worte selbst wesentlich, sondern die Art und Weise, wie diese gesagt werden und die Reaktionen, die Sie darauf bekommen.

9.2 Offene Fragen und reflektierende Aussagen übergangslos miteinander verflechten

Offene Fragen, egal wie gut sie gestellt sind, erscheinen immer als eine Art von Verhör. Wenn dem Klienten Frage um Frage gestellt wird, wird er sich eher ausgefragt fühlen als dazu eingeladen, seine Sorgen zu teilen. Als grobe Orientierung empfehlen wir, nicht mehr als drei Fragen nacheinander zu stellen. Die Stimmlage und die non-verbalen Botschaften sind ebenso wichtig, um den Eindruck eines Verhörs zu vermeiden. In der Motivierenden Gesprächsführung geübte Therapeuten können ausreichend Hintergründe, Sorgen und Motivationen von Klienten erfahren, indem sie ausschließlich spiegeln bzw. reflektierende Aussagen tätigen. Im Folgenden ist ein Beispiel aufgeführt, wie offene Fragen und reflektierende Aussagen miteinander verflochten werden können.

Verbindung von offenen Fragen und reflektierenden Aussagen

T: Therapeut, K: Klient

T: Schön, es scheint Ihnen klar zu sein, wie unsere Zusammenarbeit abläuft. *(Spiegeln)* Was, denken Sie, passiert in der nächsten Zeit? *(offene Frage)*

K: Nun, mein Hausarzt, der mich zu Ihnen überwiesen hat, sagte etwas davon, zu einer dieser Selbsthilfegruppen zu gehen.

T: Ja, das ist richtig. Diese Gruppe wird empfohlen, genauso wie die Einzelsitzungen in meiner Praxis. Sie wirken ein wenig unsicher deswegen. *(Spiegeln, Information, Spiegeln)*

K: Mein Sozialarbeiter sagte mir, die Gruppe trifft sich einmal die Woche und macht eine Menge Übungen, spricht über Probleme und andere Dinge, die sie hätten tun können, aber ich verstehe nicht, was ich davon haben sollte.

T: So, Sie sind sich also bewusst, dass es beim Treffen in einer Gruppe darum geht, Probleme zu lösen und über Ihre Gedanken zu sprechen. Es klingt so, als denkt Ihr Sozialarbeiter, dass es das Richtige für Sie wäre, aber Sie überlegen, welche Veränderungen es für Sie bringen kann. *(Spiegeln)*

K: Ja, ich weiß nicht wirklich, was ich tun müsste, damit ich mich verändere.

T: Was möchten Sie denn, das anders in Ihrem Leben sein sollte? *(offene Frage)*

K: Nun, ich würde lieber nicht hierher kommen müssen.

T: Und was würde verhindern, dass Sie wieder hierher kommen müssen?
(offene Frage)

K: Mein Leben in Ordnung bringen, schätze ich, aber es scheint sich gerade selbst zu vermasseln.

T: Es scheint Ihnen also so, als würden die Dinge einfach passieren und Sie haben sie nicht unter Kontrolle. *(Spiegeln)*

K: Ja, oder ich treffe immer und immer wieder die falschen Entscheidungen.

T: Also, Sie würden gerne Lösungen für Ihre Probleme finden und aufhören, Entscheidungen zu treffen, die dazu führen, dass die Dinge falsch für Sie laufen. *(Zusammenfassung)*

K: Ja, das ist richtig, wenn ich also Lösungen für meine Probleme finde, kann ich mein Leben besser kontrollieren. *(selbstmotivierende Aussage)*

T: Sie waren sich nicht sicher, ob Sie immer zu unseren Sitzungen und der Selbsthilfegruppe kommen möchten. Was könnte Sie davon abhalten? *(Spiegeln + offene Frage)*

K: Ich weiß nicht, ob ich immer jemanden finde, der mich zu den Sitzungen fährt. Und was ist, wenn ich einen Job bekomme?

T: *(fragt nach weiteren Schwierigkeiten, an der Selbsthilfegruppe und den Einzelsitzungen teilzunehmen und überlegt gemeinsam mit dem Klienten, wie diese überwunden werden können)* So, lassen Sie uns zusammenfassend niederschreiben, welche Vor- und Nachteile Sie durch die Teilnahme an der Therapie haben und welche Konsequenzen es hat, wenn Sie diese nicht zu Ende bringen.

K: *(arbeitet detailliert die Vor- und Nachteile für sich selbst und andere aus, wenn er die Therapie nicht beendet)*

T: Wie geht es Ihnen jetzt? *(offene Frage)*

K: Nun habe ich viel weniger Bedenken als vorher, ein bisschen nervös bin ich aber doch.

T: Was, denken Sie, könnte Ihnen helfen?

K: Ich denke, ich werde ein bisschen mehr mit meinem Sozialarbeiter reden und ihn bitten, mir zu zeigen, wo das Gebäude ist, in dem sich die Selbsthilfegruppe trifft, sodass ich es finden kann.

T: Gut, das klingt so, als hätten Sie nun eine Vorstellung davon, was die Selbsthilfegruppe Ihnen bieten kann und auch was Sie dazu beitragen können. Welche anderen Fragen haben Sie im Moment? *(Spiegeln und offene Frage. Eine geschlossene Frage wäre gewesen: Haben Sie noch Fragen? – darauf wäre prompt ein »Nein« geäußert worden.)*

K: Ja, danke. Ich habe jetzt nicht mehr so viele Zweifel in Bezug auf die Selbsthilfegruppe. Oh, noch eine Frage: Ich habe gehört, dass ich vorher einen psychologischen Test machen muss, was hat es damit auf sich?

Das Gespräch wird fortgesetzt.

Offene Fragen

Im Folgenden finden Sie zahlreiche geschlossene Fragen und Feststellungen. Versuchen Sie, diese in offene Fragen umzuformulieren.

Ist die Unterkunft ein Problem für Sie?
Offene Frage:

Brauchen Sie Hilfe bei grundlegenden Dingen?
Offene Frage:

Haben Sie finanzielle Probleme?
Offene Frage:

Haben Sie Beziehungsprobleme?
Offene Frage:

Haben Sie irgendwelche Schwierigkeiten im Zusammenhang mit Alkohol oder Drogen?
Offene Frage:

Haben Sie psychische Probleme?
Offene Frage:

Haben Sie Schwierigkeiten damit, Probleme zu lösen?

Offene Frage:

Haben Sie Schwierigkeiten mit der Selbstkontrolle?

Offene Frage:

Machen Sie Ihre Arbeit gerne?

Offene Frage:

Haben Sie Bedürfnisse, die nicht erfüllt werden?

Offene Frage:

Geht es Ihnen gut?

Offene Frage:

Werden Sie an der Selbsthilfegruppe teilnehmen?

Offene Frage:

Offene Fragen

Sie wissen, was passiert, wenn Sie Ihre Medizin nicht regelmäßig nehmen, oder?
Offene Frage:

Sie haben einen Termin nicht wahrgenommen. Wenn Sie einen weiteren Termin versäumen, werde ich mich an Ihren Bewährungshelfer wenden.
Offene Frage:

Haben Sie noch Fragen?
Offene Frage:

AB 24 /

Offene Fragen
Beispiellösungen AB 23

Hier finden Sie einige Beispiele, die geschlossenen Fragen und Feststellungen des Arbeitsblattes 23 in offene Fragen umzuformulieren. Es gibt natürlich keine richtigen oder falschen Antworten.

Ist die Unterkunft ein Problem für Sie?
Offene Frage:

Erzählen Sie mir von Ihrer Unterkunft und möglichen Problemen, die Sie dort bekommen könnten.

Brauchen Sie Hilfe bei grundlegenden Dingen?
Offene Frage:

Wie läuft es bei Ihnen ab, wenn Sie Formulare ausfüllen müssen oder wenn Sie Vorgaben zu lesen haben?

Haben Sie finanzielle Probleme?
Offene Frage:

Wenn Sie finanzielle Probleme haben, welche sind das?

Haben Sie Beziehungsprobleme?
Offene Frage:

Erzählen Sie mir von den Menschen, die Ihnen am wichtigsten sind.

Haben Sie irgendwelche Schwierigkeiten im Zusammenhang mit Alkohol oder Drogen?
Offene Frage:

Erzählen Sie mir von allen Problemen, die Sie mit dem Alkohol oder mit Drogen haben.

Haben Sie psychische Probleme?
Offene Frage:

Wie würden Sie Ihre psychische Gesundheit beschreiben? Welche Medikamente nehmen Sie?

AB 24 /

Offene Fragen
Beispiellösungen AB 23

Haben Sie Schwierigkeiten damit, Probleme zu lösen?
Offene Frage:

Wie gut können Sie Probleme lösen? Mit welchen Problemen können Sie nicht so gut umgehen?

Haben Sie Schwierigkeiten mit der Selbstkontrolle?
Offene Frage:

Erzählen Sie mir von Situationen, in denen Sie gefühlt haben, dass Sie die Kontrolle verloren haben.

Welche anderen Situationen finden Sie schwierig?

Machen Sie Ihre Arbeit gerne?
Offene Frage:

Was fühlen Sie, wenn Sie an Ihre Arbeit denken?

Haben Sie Bedürfnisse, die nicht erfüllt werden?
Offene Frage:

Welche Bedürfnisse haben Sie, die nicht erfüllt werden?

Geht es Ihnen gut?
Offene Frage:

Wie geht es Ihnen?

Werden Sie an der Selbsthilfegruppe teilnehmen?
Offene Frage:

Was könnte Sie davon abhalten, zu der Selbsthilfegruppe zu gehen? Wie können Sie das beschreiben?

Was wären die Vorteile einer Teilnahme?

AB 24 /

Offene Fragen
Beispiellösungen AB 23

Sie wissen, was passiert, wenn Sie Ihre Medizin nicht regelmäßig nehmen, oder?
Offene Frage:

Was denken Sie, passiert, wenn Sie Ihre Medikamente nicht regelmäßig nehmen?

Sie haben einen Termin nicht wahrgenommen. Wenn Sie einen weiteren Termin versäumen, werde ich mich an Ihren Bewährungshelfer wenden.
Offene Frage:

Was denken Sie, wird passieren, wenn Sie einen weiteren Termin versäumen?

Haben Sie noch Fragen?
Offene Frage:

Was würden Sie sonst noch gerne wissen?

 © Fuller/Taylor: Therapie-Tools Motivierende Gesprächsführung. Beltz, 2015

Zusammenfassung

Wenn offene Fragen an ausgewählten Stellen und in Verbindung mit reflektierenden Aussagen eingesetzt werden, können sie sehr hilfreich sein, um eventuelle Befürchtungen oder Sorgen des Klienten zu zerstreuen.

Komplexere offene Fragen werden in Kapitel 11 besprochen. Das nächste Kapitel zeigt Wege, wie man aktives Zuhören, reflektierende Aussagen und offene Fragen geschickt einsetzt, um mit Widerständen auf Seiten des Klienten umzugehen und Unstimmigkeiten zu vermeiden.

KAPITEL 10 /

Widerstand umlenken

Lag es an dem, was ich gesagt habe? Oder an dem, was ich getan habe?

Kapitel 7 und 8 haben bereits gezeigt, wie die Kommunikation zwischen zwei Personen misslingen kann. Eine Person kann das Verhalten der anderen falsch interpretieren und Dinge daraus schließen, die so nicht gedacht waren.

!

Sie können Ihr Verhalten ändern, um eine andere Reaktion auf Seiten des Klienten zu erreichen.

In diesem Kapitel wird untersucht, wie Sie als in der Motivierenden Gesprächsführung geübter Therapeut oder Berater lernen können, die Reaktionen, die Sie von Ihren Klienten bekommen, genau zu beobachten und wenn notwendig, Ihr Verhalten zu ändern, um eine andere Reaktion zu bekommen. Auf diese Art bauen Sie Rapport zum Klienten auf und helfen ihm dabei, sich zu der von ihm gewünschten Veränderung zu verpflichten, auch wenn diese zunächst schwierig und unbequem für ihn sein kann.

Die motivierenden Fähigkeiten, die in diesem Buch untersucht werden, basieren auf der Erfahrung und Forschung der Autoren von dem, was in ihrer Arbeit funktioniert hat – vor allem die Dinge, die zunächst »veränderungsresistente« Klienten gut angenommen haben. Es ist entscheidend, sich der zugrunde liegenden Fähigkeiten und deren Auswirkungen bei Klienten bewusst zu sein. Probieren Sie aus, ob bestimmte Vorgehensweisen funktionieren oder versuchen Sie neue Ansätze. Auf diese Art gewinnen Sie immer wieder an Erfahrung dazu.

Es gibt keine negative Kritik, sondern lediglich Feedback.

Aus allen Erfahrungen kann man sinnvolle Rückschlüsse für die Zukunft ziehen.

10.1 Motivierende Fähigkeiten in Aktion

Die Resultate Ihrer Arbeit finden Sie direkt in Ihrem Alltag: Sie müssen nur die Reaktionen, die Sie von Ihren Klienten bekommen, beobachten.

Wenn zum Beispiel ein Klient Widerstand zeigt, ist das ein Zeichen dafür, dass Sie Ihr Vorgehen ändern müssen – vielleicht sollten Sie sich mehr auf das Zuhören und Spiegeln konzentrieren. Wenn der Klient dann mehr von sich preisgibt, ist das ein Zeichen dafür, dass Ihr Vorgehen effektiv im Hinblick auf das Sammeln von Hintergrundwissen ist. Wenn der Klient eine selbstmotivierende Aussage (Change-Talk) tätigt, ist das ein Zeichen dafür, dass Ihr Vorgehen dabei geholfen hat, Diskrepanzen aufzudecken. Wichtig ist also, sich ständig zu vergegenwärtigen, wie die andere Person auf das reagiert, was Sie tun.

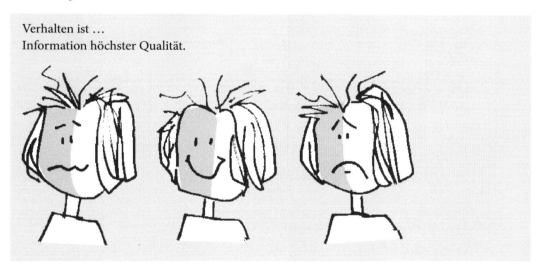

Verhalten ist …
Information höchster Qualität.

»Straßensperren«

Thomas Gordon (1970) bezeichnet Vorgehensweisen von Therapeuten, die eine Veränderung des Klienten eher behindern als fördern, als »Straßensperren der Kommunikation«. Diese werden häufig in bester Absicht eingesetzt, um ein Problem »schnell und einfach« zu lösen. Der Therapeut erkennt ein Problem und geht es sogleich mit Ratschlägen, Lösungen und Vorträgen über den Kern des Problems an. Anstatt den Klienten in der Veränderung zu bestärken, versperren diese Vorgehensweisen aber einer Veränderung eher den Weg. Der Therapeut »entmachtet« den Klienten insofern, als er von einer einseitigen helfenden Beziehung ausgeht, den Dialog kaum aufkommen lässt oder Streit entfacht. Unglücklicherweise baut der Therapeut ungeachtet des Widerstands auf Seiten des Klienten weitere Straßensperren auf, weil er glaubt, dass seine Methoden das Problem schon irgendwann lösen werden.

> »Es gibt nichts, was wir so ungern entgegennehmen wie Ratschläge.«
>
> Joseph Addison

Einige »Straßensperren« nach Thomas Gordon

▶ warnen / bedrohen
▶ moralisieren / »predigen«
▶ verurteilen / kritisieren / beschämen
▶ schämen / spotten
▶ befehlen / anweisen / kommandieren
▶ streiten / vortragen / belehren

Beispiel

Straßensperren »in Aktion«

K: Ich habe den Wagen ohne entsprechende Fahrerlaubnis gefahren, nachdem ich mich mit meiner Partnerin gestritten hatte. Wenn sie nicht gewesen wäre, wäre ich nicht gefahren.

T: Sie müssen Verantwortung für Ihre Handlungen übernehmen.

K: Ja, aber Sie wissen nicht, wie sie ist. Eigentlich müsste sie jetzt hier sitzen.

Feedback zu einem Verhalten geben funktioniert manchmal, indem man Zweifel in Bezug auf das Verhalten weckt, trifft aber, besonders in der Kontemplationsphase, häufig auf Widerstände.

Beispiel

Straßensperren »in Aktion«

K: Ich bin kein Alkoholiker.

T: Vielleicht nicht, aber Sie trinken sehr viel. *(kritisieren)*

K: Aber nicht so viel.

T: Nun, mehr als für Ihre Gesundheit und Ihr Verhalten gut ist. Empfohlen ist, dass Sie nur ein paar Gläser pro Woche trinken. Sie trinken aber viel mehr als das und bekommen dadurch eine Menge Ärger. *(streiten / vortragen / belehren)*

K: Was wissen Sie schon? Das war doch nur ein einmaliger Ausrutscher.

Wenn man effektiv mit Widerstand umgehen möchte, sollte man sich die Wirkung des eigenen Verhaltens vergegenwärtigen.

Wo immer Sie auf Widerstand stoßen – bleiben Sie dran.
Tun Sie etwas anderes – etwas, was Ihnen wirkungsvoll erscheint.

Wenn Sie sich selbst bei einer Auseinandersetzung ertappen oder Ihr Klient sich zurückzieht, müssen Sie Ihr Verhalten ändern, um eine andere Reaktion zu erzielen. Sie können auf andere Taktiken und Fähigkeiten »umschalten«.

10.2 Widerstand und wie man darauf reagieren kann

Auseinandersetzungen

Der Klient zweifelt die Präzision, die Fachkenntnisse oder die Integrität des Therapeuten an.
Reaktion:
▶ auf sokratische Art fragen, welche Gründe für die Behauptungen vorliegen
▶ reflektierend zuhören

Es ist überraschend einfach, in eine Auseinandersetzung zu geraten – etwa, wenn Sie mit etwas, das gesagt wurde, nicht übereinstimmen oder denken, Sie müssten etwas richtigstellen. Plötzlich sind Sie mitten in einer Diskussion, die in eine Auseinandersetzung mündet. Das verstärkt den Widerstand auf Seiten des Klienten natürlich weiter.

Sokratische Fragen

Anstatt seine Meinung einfach zu sagen oder gegenteiligen Meinungen vehement zu widersprechen, stellte der Philosoph Sokrates (5. Jh. V. Chr.) Fragen, die sein Gegenüber dazu brachten, die Argumente für eine Veränderung selbst zu nennen. Seither wird dieses Vorgehen »Sokratische Gesprächsführung« genannt. Miller und Rollnick (2002) setzten sokratische Fragen zusammen mit reflektierenden Aussagen ein, um die Energie des Widerstandes aufzunehmen und damit Veränderungen auszulösen: »Widerstand umlenken«. Hilfreiche sokratische Fragen sind etwa folgende:

▶ Was wäre die Alternative …?
▶ Was wäre, wenn …?
▶ Was sind die Gründe für …?
▶ Was sind die Konsequenzen von …?

Damit eine sokratische Frage sinnvoll ist, muss sie in Verbindung mit sorgfältigem Zuhören und Spiegeln verwendet werden. Da, wo als Reaktion auf sokratische Fragen weiterhin mehr Widerstand entsteht, ist es hilfreich, mit mehr reflektierenden Aussagen zu arbeiten und die Anzahl der Fragen zu reduzieren. Das Ziel ist es, dass der Klient selbst an seinen Problemen arbeitet, ohne dass Sie ihm Ihre Ansichten aufdrängen.

Wenn eine Auseinandersetzung um Ihre Integrität oder die Grundlagen Ihrer Zusammenarbeit entsteht, versuchen Sie zu herauszufinden, welche Erwartungen der Klient an die Vereinbarungen am Beginn der Therapie oder Beratung hatte.

Unterbrechungen

Situation: Der Klient unterbricht die Sitzung, indem er sich vollständig zurückzieht.
Reaktion:
▶ Aktives Zuhören
▶ Veränderung des Blickwinkels
▶ Spiegeln der vorhandenen Diskrepanzen

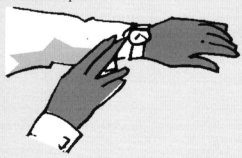

Sie werden vermutlich Ihren eigenen Gedankengängen folgen und die Ihnen dazu angemessen erscheinenden Fragen stellen, wenn Sie etwas über die Situation Ihres Klienten erfahren möchten. Wenn der Klient dieses Vorgehen aber unterbricht, können Sie das einerseits als Störung sehen, andererseits aber auch als Wunsch des Klienten, mehr über sich zu erzählen – in einer anderen Art und Weise als der, die Sie bisher angestrebt hatten.

Wenn dies offensichtlich nur eine Ablenkung von der eigentlichen Zielsetzung des Therapiegesprächs ist, versuchen sie, den Fokus durch sokratische offene Fragen oder selektive Zusammenfassungen auf das bisher Besprochene zu richten. Manchmal kann eine Unterbrechung aber auch wertvolle Hinweise auf die Diskrepanzen zwischen aktuellem Verhalten und langfristigen Wünschen geben – wenn man nur genau hinhört.

Abstreiten

Situation: Der Klient will ein Problem nicht erkennen, nicht in der Therapie mitarbeiten, seine Eigenverantwortung nicht wahrhaben oder einen Rat nicht annehmen.
Reaktion:
- ▶ Keine Ratschläge geben
- ▶ Reflektierendes Zuhören
- ▶ Betonen, dass der Klient seine eigenen Entscheidungen treffen kann und die vollständige Kontrolle über sein Verhalten hat

Was wie eine Verweigerung der Mitarbeit aussieht, ist eher eine normale Phase im Veränderungsprozess, die auftritt, bevor man zu einer Veränderung bereit ist (Präkontemplation), und weniger ein persönlicher Wesenszug. Der Therapeut kann diese Einstellung noch weiter verschärfen, indem er Ratschläge erteilt oder klassische »Straßensperren« (s. Abschn. 101.1) einsetzt. Hilfreicher wäre allerdings, angemessene sokratische Fragen zu stellen und reflektierend zuzuhören. Dieses Vorgehen erleichtert dem Therapeuten, die Gründe zu verstehen, warum der Klient sich zunächst lieber nicht verändern möchte. Es betont auch die Selbstverantwortung des Klienten, hebt Diskrepanzen hervor und macht es ihm einfacher, in die Kontemplationsphase überzugehen.

Ignorieren

Situation: Der Klient wirkt unaufmerksam. Er klinkt sich aus dem Gesprächsverlauf aus oder beachtet den Therapeuten einfach nicht. Möglich ist auch, dass er bestimmten Fragen ausweicht oder die Richtung des Gesprächs wechselt.
Reaktion:
▶ Aktives Zuhören
▶ Spiegeln der Stille und der beobachteten Gefühle

Manche Klienten setzen Ignorieren oder Ausweichen als Taktik ein, um den Therapeuten zu verunsichern. Andere finden es einfach schwierig, sich zu konzentrieren oder haben nur eine geringe Aufmerksamkeitsspanne. Passen Sie Ihre Kommunikation dem jeweiligen Klienten an.
Eine ausweichende Reaktion zu spiegeln, erscheint auf den ersten Blick so, als würde man ebenfalls ausweichen – aber dadurch kann Empathie geschaffen, die Selbststeuerung des Klienten hervorgehoben und eine Möglichkeit geboten werden, durch eine Zusammenfassung des bisher Gesagten oder sokratische Fragen das Augenmerk wieder auf die ursprüngliche Richtung des Therapiegesprächs zu lenken.

Umgang mit Widerstand (... durch Änderung des Vorgehens)

!

▶ sokratische Fragen stellen
▶ spiegeln oder zusammenfassen
▶ seinen Blickwinkel verändern
▶ persönliche Entscheidungen und Kontrolle betonen
▶ Diskrepanzen hervorheben

Der Schlüssel zum Umgang mit Widerstand ist, sich immer der Reaktion der anderen Person auf das eigene Vorgehen bewusst zu sein und sich klarzumachen, wie diese Reaktion mit dem Vorgehen selbst verknüpft ist. Üben Sie, immer neue Wege einzuschlagen, indem Sie das im Kasten dargestellte Verhalten zum Umgang mit Widerstand ausprobieren. Sie sollten auch auf Ihr nonverbales Verhalten und auf Ihre Stimmlage achten. Denken Sie immer daran, dass Widerstand auch die Möglichkeit bietet, etwas über Ihren Klienten zu erfahren, dass Sie bisher noch nicht entdeckt haben. In Kapitel 12 können Sie herausfinden, welche Möglichkeiten es noch gibt, um Diskrepanzen zu entwickeln.

Machen Sie Pausen. Es kann vorkommen, dass Sie müde werden und den Prozess des Widerstands durch das Beenden des Gespräches unterbrechen müssen. Dadurch haben sie die Gelegenheit, zusammenzufassen, was bisher geschah und dadurch ein »Stück Arbeit« abzuschließen. Sie können dann nachdenken oder mit Kollegen darüber sprechen, welches Vorgehen sich für das nächste Treffen eignen würde. Manchmal ist es hilfreich, sich die Therapiesituation noch einmal ganz genau vorzustellen und zu reflektieren, was genau da eigentlich zwischen Ihnen und Ihrem Klienten passiert. Welche Gefühle und Verhaltensmuster beobachten Sie?

10.3 Beispiel für ein motivierendes Vorgehen

(B: Beraterin, K: Klient)

K: Ich bin ohne Führerschein gefahren, nachdem ich mich mit meiner Partnerin gestritten hatte. Ich hätte das nicht gemacht, wenn sie nicht gewesen wäre.

B: Also machen Sie Ihre Partnerin für das, was passiert ist, verantwortlich?

K: Nun, zu einem gewissen Grad schon, wenn auch nicht völlig.

B: Nicht völlig. *(selektives Spiegeln der Diskrepanz dabei, die Partnerin zu beschuldigen)*

K: Nun, in erster Linie hatte ich Fahrverbot.

B: Erzählen Sie mir davon. *(offene Frage)*

K: Alkoholexzess.

B: Sie haben also bei verschiedenen Gelegenheiten getrunken und sind danach noch gefahren. *(Spiegeln der Bedeutung)*

K: Nun, das ist kein echtes Problem, ich bin kein Alkoholiker.

B: Sie wollen nicht, dass man Sie so nennt. Sie bezweifeln sogar, dass der Alkoholkonsum der Grund für verschiedene Probleme war. *(Spiegeln der Bedeutung)*

K: Naja, wenn ich nicht getrunken hätte, dann hätte ich noch meinen Führerschein und wäre nicht hier. *(selbstmotivierende Aussage, Problemdefinition)*

B: Also, eine Konsequenz des Trinkens ist, dass Sie nicht mehr fahren dürfen und dass Sie ein Vorstrafenregister haben. Welche anderen Konsequenzen hat es noch für Sie? *(Spiegeln der Unstimmigkeiten und sokratische Fragen über die Konsequenzen)*

K: Ich habe, so lange ich mich erinnern kann, schon immer Alkohol getrunken. Mein Vater trank, meine Freunde trinken alle und ich mache das auch. Ich denke nicht, dass damit irgendetwas nicht in Ordnung ist, aber meine Partnerin sagt, dass sie es leid ist, mit den Gerichtssachen und diesen Dingen und ich denke, ich sollte vielleicht ein bisschen weniger trinken.

B: Also ist Alkohol etwas, das ein Teil Ihres Lebensstils ist. Einerseits denken Sie, es ist in Ordnung, andererseits sind Sie besorgt über die Auswirkungen, die es auf Ihre Partnerin und auf Ihr eigenes Verhalten hat. *(Spiegeln der Unstimmigkeit)*

B: Ja, es wird schwierig werden, sich zu ändern, aber ich liebe Ruth und sie hat gedroht, mich zu verlassen. Außerdem habe ich Angst, meinen Job zu verlieren, wenn ich noch einmal verurteilt werde. Ich könnte ins Gefängnis kommen. Ich bin jetzt doch ziemlich besorgt über meinen Alkoholkonsum. *(selbstmotivierende Aussage / Change-Talk, Sorgen erkennen)*

10.4 Verschiedene Vorgehensweisen und Reaktionen

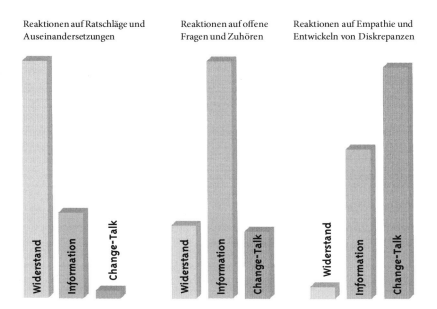

Das obenstehende Diagramm zeigt typische Reaktionen, von denen Sie ausgehen können, wenn Sie bei Menschen, die einem bestimmten Verhalten ambivalent gegenüberstehen oder es nicht ändern wollen, verschiedene Vorgehensweisen verfolgen.

▶ Ratschläge und Auseinandersetzungen: Reaktion = starker Widerstand, etwas Information, kaum Change-Talk

▶ Offene Fragen und Zuhören: Reaktion = etwas Widerstand, viele Informationen, etwas Change-Talk

▶ Empathie und Entwickeln von Diskrepanzen: Reaktion = wenig Widerstand, viele Informationen, viel Change-Talk

Hinterfragen von Widerstand

Überlegen Sie einmal, wie Sie einen Klienten dazu motivieren können, die Aussagen, die Widerstand ausdrücken, zu hinterfragen. Dazu können Sie eine reflektierende Aussage (Spiegeln) oder eine offene sokratische Frage verwenden.

»Das habe ich vergessen.«

Reflektierende Aussage: ....

....

Offene Frage: ....

....

»Sie sind ein wirklich guter Therapeut, aber diese Selbsthilfegruppenleiter sind furchtbar.«

Reflektierende Aussage: ....

....

Offene Frage: ....

....

»Sie hat sich kaum gewehrt, und darum wollte sie offensichtlich Sex mit mir«.

Reflektierende Aussage: ....

....

Offene Frage: ....

....

»Sie hat absichtlich den Deckel der Ketchup-Flasche halb offen gelassen, damit ich mich bespritze und dann dämlich aussehe. Ich wollte nur klarstellen, dass ich man so nicht mit mir umgehen kann.«

Reflektierende Aussage: ....

....

Offene Frage: ....

....

»Jeder hasst doch diese Leute. Sie sind immer bereit, dich anzugreifen, wenn du es nicht zuerst tust.«

Reflektierende Aussage: ....

....

Offene Frage: ....

....

»Es ist einfach passiert.«

Reflektierende Aussage: ....

....

Offene Frage: ....

....

Hinterfragen von Widerstand
Mögliche reflektierende Aussagen für AB 25

Im Folgenden finden Sie mögliche reflektierende Aussagen als Reaktion zu den Aussagen in AB 25, um die Überlegungen, die für eine Veränderung sprechen, zu unterstützen. Es gibt keine richtigen oder falschen Antworten, aber nützliche Anregungen.

»Das habe ich vergessen.«

Reflektierende Aussage: Sie haben nicht daran gedacht, bei dieser Gelegenheit Ihre Medikamente zu nehmen.

Die reflektierende Aussage impliziert, dass dieses Vergessen ein Ausnahmeverhalten in einer Ausnahmesituation war und öffnet somit den Weg dafür, zu überlegen, was anders gemacht werden könnte.

»Sie sind ein wirklich guter Therapeut, aber diese Selbsthilfegruppenleiter sind furchtbar.«

Reflektierende Aussage: Also überlegen Sie, ob die Selbsthilfegruppe wirklich hilfreich für Sie ist.

Spiegeln der Bedeutung, wie Sie sie verstehen. Die Absicht ist, herauszuarbeiten, ob die Teilnahme an einer Selbsthilfegruppe überhaupt sinnvoll ist.

»Sie hat sich kaum gewehrt, und darum wollte sie offensichtlich Sex mit mir«.

Reflektierende Aussage: Sie würden keinen Sex mit jemandem haben wollen, der das nicht will und Sie hätten gewusst, wenn sie nicht wollte, weil Sie dann mehr Kraft hätten einsetzen müssen.

Spiegeln der Bedeutung. Das Ziel ist, den Klienten die Unstimmigkeit zwischen seinen Werten und seinem Verhalten zu hören.

AB 26 /

Hinterfragen von Widerstand
Mögliche reflektierende Aussagen für AB 25

»Sie hat absichtlich den Deckel der Ketchup-Flasche halb offen gelassen, damit ich mich bespritze und dann dämlich aussehe. Ich wollte nur klarstellen, dass ich man so nicht mit mir umgehen kann.«

Reflektierende Aussage: Wie Sie es sehen, sind Sie weitaus mehr verletzt als sie überhaupt sein kann.

Leicht übertriebene Spiegelung, hier als Aussage, nicht als Frage formuliert. Die Absicht ist, Zweifel zu wecken.

»Jeder hasst doch diese Leute. Sie sind immer bereit, dich anzugreifen, wenn du es nicht zuerst tust.«

Reflektierende Aussage: So kennen Sie keinen, der sich anders verhalten hätte.

Spiegeln der Bedeutung. Damit wird beabsichtigt, Zweifel an der Richtigkeit des Verhaltens zu wecken.

Sie sind verärgert und haben vielleicht auch ein bisschen Angst.

Spiegeln von Gefühlen. Das Ziel ist, mehr Informationen über die Gefühle des Klienten zu erhalten, bevor Diskrepanzen entwickelt werden können.

»Es ist einfach passiert.«

Reflektierende Aussage: Sie erinnern sich an nichts, was vorher passiert ist.

Spiegeln der Bedeutung, hier als freundliches Statement, nicht als Frage formuliert. Hier wird die Absicht verfolgt, Diskrepanzen zu entwickeln.

Hinterfragen von Widerstand
Mögliche offene Fragen für AB 25

Im Folgenden finden Sie mögliche sokratische bzw. offene Fragen zu den Aussagen in AB 25, um die Überlegungen, die für eine Veränderung sprechen, zu unterstützen. Es gibt keine richtigen oder falschen Antworten, aber nützliche Anregungen.

»Das habe ich vergessen.«

Offene Frage: Erzählen Sie mir, was haben Sie vorher gemacht? Was haben Sie gedacht?

Wie hätten Sie das anders machen können?

»Sie sind ein wirklich guter Therapeut, aber diese Selbsthilfegruppenleiter sind furchtbar.«

Offene Frage: Was meinen Sie mit furchtbar? Was ist passiert, dass Sie diesen Eindruck haben?

Ihr Arbeitskollege John hat auch an der Selbsthilfegruppe teilgenommen. Was würde er sagen?

»Sie hat sich kaum gewehrt, und darum wollte sie offensichtlich Sex mit mir«.

Offene Frage: Was meinen Sie mit »kaum gewehrt«? Was könnte sie sonst noch gedacht haben?

»Sie hat absichtlich den Deckel der Ketchup-Flasche halb offen gelassen, damit ich mich bespritze und dann dämlich aussehe. Ich wollte nur klarstellen, dass ich man so nicht mit mir umgehen kann.«

Offene Frage: Wie genau haben Sie das klargestellt? Was wäre eine andere Erklärung für ihr Verhalten?

»Jeder hasst doch diese Leute. Sie sind immer bereit, dich anzugreifen, wenn du es nicht zuerst tust.«

Offene Frage: Wen meinen Sie mit »jeder«? Welchen Beweis haben Sie dafür, dass dies so ist?

»Es ist einfach passiert.«

Offene Frage: Erzählen Sie mir genau, wie es gerade bei dieser Gelegenheit dazu kommen konnte.

Was hätte es verhindern können?

Schlagen Sie für die unten stehenden Aussagen Erwiderungen vor, die möglicherweise einen Konflikt vermeiden können.

Argumentieren

Klient: »Cannabis hat keine schlimmen Auswirkungen auf meine Freunde und mich.«

Ihre Antwort: ....

....

....

Abstreiten

»Ich komme gut klar, vielen Dank. Ich weiß, wie ich mit meiner Krankheit umgehen muss, es sind nur die anderen, die damit nicht klarkommen.«

Ihre Antwort: ....

....

....

Ignorieren

Therapeut: »Erzählen Sie mir mehr über Ihre Probleme mit Lucy.«
Klient: »Es tut mir leid, dass ich zu spät kam, aber die Busse in dieser Stadt sind völlig unzuverlässig.«

Ihre Antwort: ....

....

....

Unterbrechen

Therapeut *(dritter Versuch)*: »Es ist wichtig, dass wir über die Arbeit, die wir zusammen bewältigen wollen, sprechen. Meine Rolle ist …«
Klient *(unterbricht zum wiederholten Mal)*: »Haben Sie das Konzert der Rolling Stones gestern Abend im Fernsehen gesehen? Das war super …«

Ihre Antwort: ....

....

....

»Ja, aber« und Ratschläge geben

Therapeut: »Wir denken, dass es am besten funktionieren würde, wenn man regelmäßig jeden Morgen übt.«

Klient: »Ich habe aber morgens nur die Zeit, mich anzuziehen und den Zug zu nehmen.«

Therapeut: »Es wäre es wert, dafür eine halbe Stunde früher aufzustehen. Es ist sehr wichtig, zu üben.«

Klient: »Für mich ist es wichtiger, dass ich meinen Schlaf bekomme und pünktlich bei der Arbeit bin.«

Ihre Antwort: ....

....

....

Beurteilen

Therapeut: »Das war keine gute Idee.«

Klient: »Das war sogar eine verdammt gute Idee.«

Ihre Antwort: ....

....

....

Reaktionen auf Widerstand
Mögliche Erwiderungen für AB 28

Hier finden Sie möglich Reaktionen auf die Aussagen auf AB 28. Es gibt keine richtigen oder falschen Antworten: Jede Erwiderung kann verschiedene Reaktionen hervorrufen.

Argumentieren

Klient: »Cannabis hat keine schlimmen Auswirkungen auf meine Freunde und mich.«

Ihre Antwort: *Also kennen Sie niemanden, der Schwierigkeiten aufgrund von Cannabis hat?*

Was meinen Sie, ist das Schlimmste, was Cannabis bei Menschen verursachen kann?

Abstreiten

»Ich komme gut klar, vielen Dank. Ich weiß, wie ich mit meiner Krankheit umgehen muss, es sind nur die anderen, die damit nicht klarkommen.«

Ihre Antwort: *Sagen Sie mir, was die anderen aufregt.*

Ignorieren

Therapeut: »Erzählen Sie mir mehr über Ihre Probleme mit Lucy.«
Klient: »Es tut mir leid, dass ich zu spät kam, aber die Busse in dieser Stadt sind völlig unzuverlässig.«

Ihre Antwort: *Danke für Ihre Entschuldigung, das klingt, als würden Ihre Probleme, pünktlich hierher*

zu kommen, es schwierig machen, sich auf die Probleme mit Lucy zu konzentrieren.

Unterbrechen

Therapeut (*dritter Versuch*): »Es ist wichtig, dass wir über die Arbeit, die wir zusammen bewältigen wollen, sprechen. Meine Rolle ist ...«
Klient (*unterbricht zum wiederholten Mal*): »Haben Sie das Konzert der Rolling Stones gestern Abend im Fernsehen gesehen? Das war super ...«

Ihre Antwort: *Ich weiß nicht, ob Sie bereit sind, über unsere gemeinsame Arbeit zu sprechen.*

Reaktionen auf Widerstand
Mögliche Erwiderungen für AB 28

»Ja, aber« und Ratschläge geben

Therapeut: »Wir denken, dass es am besten funktionieren würde, wenn man regelmäßig jeden Morgen übt.«

Klient: »Ich habe aber morgens nur die Zeit, mich anzuziehen und den Zug zu nehmen.«

Therapeut: »Es wäre es wert, dafür eine halbe Stunde früher aufzustehen. Es ist sehr wichtig, zu üben.«

Klient: »Für mich ist es wichtiger, dass ich meinen Schlaf bekomme und pünktlich bei der Arbeit bin.«

Ihre Antwort: Es ist also wirklich wichtig für Sie, dafür zu sorgen, dass Sie genügend Schlaf bekommen

und dass Sie arbeiten. Sie wollen die Routine, die Ihrem Tagesablauf entgegenkommt, nicht durcheinander bringen.

Beurteilen

Therapeut: »Das war keine gute Idee.«

Klient: »Das war sogar eine verdammt gute Idee.«

Ihre Antwort: Erzählen Sie mir mehr von der Idee und was Sie sich von ihr erhoffen.

AB 30 /

Die Wirkung Ihres Vorgehens

Was denken Sie, wie Ihre Klienten die Wirkung Ihrer Vorgehensweise auf der folgenden Skala bewerten würden?

Konfrontierend -- Motivierend

Einige »Straßensperren«

▶ warnend / bedrohlich
▶ moralisierend / predigend
▶ richtend / kritisierend / beschämend
▶ beschämend / spottend
▶ beauftragend / anleitend / befehlend
▶ streitend / vortragend / belehrend

Fertigkeiten, die zur Veränderung beitragen können

▶ Bestätigen
▶ Zuhören
▶ Offene Fragen stellen
▶ Zusammenfassungen
▶ Selbstmotivierende Aussagen (Change-Talk) hervorrufen

Wie würden Sie Ihr Vorgehen selbst bewerten?

Konfrontierend -- Motivierend

 © Fuller/Taylor: Therapie-Tools Motivierende Gesprächsführung. Beltz, 2015

Zusammenfassung

Widerstand und Auseinandersetzungen können in jeder Phase der Veränderung aufkommen und sind entweder ein Zeichen dafür, dass der Therapeut mehr zuhören muss oder dass der Klient der Veränderung ambivalent gegenübersteht. Es liegt in der Verantwortung der Therapeuten, seine Fähigkeiten so zu nutzen, dass Auseinandersetzungen vermieden werden.

Das nächste Kapitel beschäftigt sich mit den Eigenschaften von Ambivalenz und verschiedenen Wegen, wie diese aufgelöst werden kann.

KAPITEL 11 /

Ambivalenz untersuchen

»Ich kann mich nicht entscheiden, was ich tun soll.«

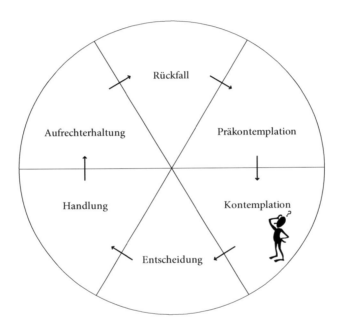

Dilemmata sind Teil des Lebens und meistens finden die Menschen einen Weg heraus. Manche dieser Situationen entstehen allerdings durch eine starke Ambivalenz im wahrsten Sinne des Wortes: durch die Gegenwart zweier sich widersprechender Gefühle. Das Wort Ambivalenz wird oft gebraucht, um einen Zustand von Unbeweglichkeit oder Unentschiedenheit zu beschreiben. Dies ist aber eigentlich erst das Resultat von Ambivalenz, andere mögen es auch als Antriebslosigkeit bezeichnen.

Dieses Kapitel untersucht die Eigenschaften der Ambivalenz und wie diese dazu beitragen kann, einen passenden Weg zu finden, um jemandem beim Aufbau einer Motivationswaage zu helfen. Die Arbeit mit der Ambivalenz von Klienten ist ein zentraler Punkt der Motivierenden Gesprächsführung. Sie beginnt damit, eine Veränderung zunächst überhaupt in Betracht zu ziehen, verdeutlicht dann die Gründe für eine Veränderung und führt schließlich zur Entscheidung und den entsprechenden Handlungen.

> **Ambivalenz**
>
> ► Ambivalenz ist in Ordnung und völlig normal.
> ► Ambivalenz veranlasst uns, eine Situation weiter zu explorieren.
> ► Therapeuten können mit Ambivalenz arbeiten.

11.1 Eigenschaften von Ambivalenz

Jeder von uns ist zu bestimmten Zeiten bezüglich einiger Dinge ambivalent. Es ist in Ordnung, ambivalent zu sein. Oft ist es sogar nützlich, ambivalent zu sein, das bringt uns dazu, die Vor- und Nachteile einer Situation zu untersuchen, bevor wir uns für etwas entscheiden. Es gibt mindestens drei Arten von Ambivalenz, diese werden im Folgenden ausgeführt.

Das »Joy-Joy-Dilemma«

In dieser Situation muss man sich zwischen zwei guten Dingen entscheiden. Das können zum Beispiel zwei Jobangebote mit dem gleichen Gehalt und einer gleich guten Position sein. Die meisten von uns wären in der Lage, die detaillierteren Vor- und Nachteile abzuwägen und eine Entscheidung zu treffen.

Das »Pain-Pain-Dilemma«

Umgangssprachlich ist diese Art von Dilemma auch bekannt als »sich zwischen Pest und Cholera entscheiden müssen«. Diese Art von Dilemma bedeutet, dass, egal wie man sich entscheidet, Angst oder Streit verursacht wird. Hier sollte man sich entweder für das kleinere Übel entscheiden oder einen dritten Weg finden.

Das »Joy-Pain-Dilemma«

Wenn man sich in dieser Situation für einen Weg entscheidet, verliert man zwar etwas, das einem wichtig ist, gewinnt aber wiederum etwas, das man braucht. Wenn man sich für den anderen Weg entscheidet, bleibt einem die Sache erhalten, die einem wichtig ist, verliert aber dafür etwas, das man braucht. Das ist doppeltes Pech. Was immer man tut, man gewinnt und verliert auf jeden Fall etwas.

Der Versuch, die Vor- und Nachteile herauszuarbeiten, mit Gewinnen und Verlusten auf der einen und Verlusten und Gewinnen auf der anderen Seite, kann sehr verwirrend sein. Es ist wahrscheinlich, dass sich Überlegungen und Abwägungen immer im Kreis bewegen, man ist unfähig, eine Entscheidung zu treffen. So ist man schließlich festgefahren und man bleibt bei alten Verhaltensmustern. Das ist die Sorte von Dilemma, die am besten durch die Motivierende Gesprächsführung angegangen wird. Sie ist typisch für Suchtkranke und solche, bei denen schädliche Verhaltensweisen bereits zur Gewohnheit geworden sind.

Die »Motivationswaage«, auch »Entscheidungswaage« genannt, ist ein einfaches Werkzeug, um jemandem zu helfen, in einem solchen Dilemma die Vor- und Nachteile der aktuellen Situation abzuwägen. Das unten stehende Diagramm ist eine vereinfachte Form der Motivationswaage, in der der Klient als Teil des Motivationsgespräches die Faktoren beider Seiten eintragen kann. Die Auflistung ist besonders hilfreich bei Menschen mit visuellem Lernstil. Sie können es auch als reines Konzept im Gedächtnis behalten, wenn Sie einen Klienten dazu ermutigen möchten, über beide Seiten einer Entscheidung zu sprechen.

Motivationswaage

Gründe, so zu bleiben wie ich bin	Gründe, warum ich mich ändern will
--	--
--	--
--	--
--	--
--	--
--	--

11.2 Die vier Stimmen der Ambivalenz

Bei einer geradezu bewegungsunfähig machenden Ambivalenz existieren gewissermaßen vier miteinander konkurrierende Stimmen im Kopf: Eine »Dafür-Stimme« und eine »Dagegen-Stimme« für jede der beiden möglichen Aktionen. Alle vier Stimmen rufen gleichzeitig, und wenn eine Stimme die Oberhand gewinnt, rufen die anderen umso lauter. Oft ist es einfacher zu entscheiden, dass man so bleibt, wie man ist, weil man dann überhaupt nichts tun muss. Manchmal verdrängt das aktuelle Verhalten auch die Angst, die durch das Dilemma verursacht wird.

Bleib wie du bist!

Wenn du bleibst, wie du bist, verlierst du!

Ändere dich!

Wenn du dich änderst, verlierst du!

Es ist aber wichtig, alle vier Stimmen zu ergründen: Auf der einen Seite die Vorteile und Nachteile, die dafür sprechen, so zu bleiben, wie man ist und auf der anderen Seite die Vor- und Nachteile einer Veränderung. So reicht es beispielsweise nicht, nur die Vorteile einer Veränderung zu untersuchen, auch wenn es verlockend sein kann, nur die positiven Aspekte zu sehen. Wenn man nicht auch die Nachteile der Veränderung und die Möglichkeit, alles beim Alten zu lassen, exploriert, dann holen diese Nachteile einen später ein und untergraben jeden Schritt nach vorn. Um eine langfristige Veränderung zu erreichen, sollten Ihre Klienten auch wissen, wie sie mit Verlusten und Erfolgen umgehen, die diese mit sich bringt.

Abwägung der Faktoren

Nicht alle Vor- und Nachteile, die Ihre Klienten für und gegen eine Veränderung in Betracht ziehen, haben die gleiche Gewichtung auf der Motivationswaage. Es genügt daher nicht, sie nur aufzulisten oder zu besprechen. Sie sollten darauf achten, keine eigene Bewertung der Wichtigkeit der einzelnen Punkte abzugeben. Vielmehr sollten Sie durch offene Fragen und reflektierende Aussagen die entsprechende Wichtigkeit für den Klienten herausfinden: Was ist ihm zum jetzigen Zeitpunkt wichtig und was sieht er in der Zukunft als wichtig an? Durch sorgfältiges Zusammenfassen können Sie dem Klienten helfen, sich über die Diskrepanzen zwischen seinem derzeitigen Verhalten und dem, was er sich für die Zukunft wünscht, klarzuwerden. Auf Arbeitsblatt 31 gibt es daher eine Spalte, in der der Klient die aufgelisteten Vor- und Nachteile auch in ihrer Wichtigkeit bewerten kann.
Beim Aufbau der Motivationswaage sollten Sie sich darauf konzentrieren, die Geschichte des Klienten zu eruieren sowie Verständnis und Empathie zu zeigen. Irgendwann äußert der Klient vielleicht »Ich muss …« oder »Ich sollte …« oder zeigt andere Anzeichen dafür, dass er eine Richtung erkennt, die er einschlagen kann. Diese ersten Zeichen des Wunsches, anders zu sein als im Moment, können als Beginn von Veränderungsmotivation interpretiert werden. Dieser Wunsch kann jeder-

zeit auftreten, entsteht aber oft genau dann, wenn man eine Motivationswaage erstellt. Kapitel 12 untersucht, wie er weiter vorangetrieben werden kann.

Auf Arbeitsblatt 31 finden Sie eine Motivationswaage, die Sie für den Klienten kopieren oder auch selbst nutzen können. Es werden anschließend einige Übungen vorgeschlagen, die beim Aufbau der Motivationswaage helfen. Diese können der Situation und den Bedürfnissen des Klienten angepasst werden.

AB 31 /

Motivationswaage

Gewichtung	Gründe, warum ich bleiben möchte, wie ich bin	Gründe, warum ich mich ändern will	Gewichtung

AB 32 /

Untersuchung von Ambivalenzen durch Einsatz der Motivationswaage

Schritt 1

Suchen Sie mit dem Klienten einen Bereich seines Verhaltens heraus, über den er unglücklich ist oder dem er ambivalent gegenübersteht.

Bitten Sie den Klienten zu beschreiben, wie er möchte, dass dieser Bereich seines Verhaltens sich in einem Jahr von heute unterscheidet. Nutzen Sie, wenn es Ihnen hilfreich erscheint, AB 33. Ihre offenen Fragen könnten Folgendes beinhalten:

► Wo sehen Sie sich in einem Jahr?

► Was könnten andere über Sie sagen?

► Wie denken Sie über sich?

► Wie fühlen Sie sich?

► Wie sehr wünschen Sie sich, dieses Ziel zu erreichen?

Schritt 2

Das Bedürfnis nach Veränderung beurteilen

Wenn es Ihnen hilfreich erscheint, nutzen Sie Arbeitsblatt 34 zusammen mit dem Klienten.

► Wie groß ist Ihr Wunsch, sich zu verändern? Markieren Sie das auf der »Ich möchte ...-Skala«.

► Was hindert Sie, bei 0 stehen zu bleiben? Was müsste geschehen, damit Sie einen Schritt näher an die 10 kommen?

AB 33 /

Mein zukünftiges Ich (Teil 1)

Schritt 1

Beschreiben Sie, wie Ihr Leben in einem Jahr aussehen könnte. Dazu können Sie zeichnen oder Stichpunkte aufschreiben.

AB 34 /

Mein zukünftiges Ich (Teil 2)

Schritt 2

Die »Ich will …-Trittsteine«

Wie sehr möchten Sie sich verändern?

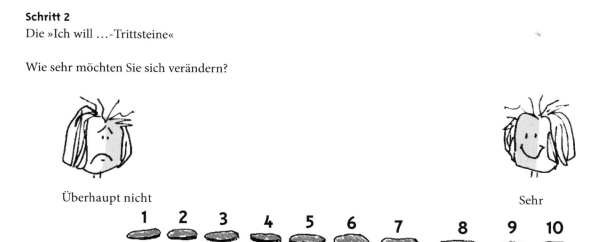

Überhaupt nicht   Sehr

1   2   3   4   5   6   7   8   9   10

Stellen Sie sich vor, die gewünschte Veränderung hat stattgefunden. Wie fühlt sich das an?

AB 35 /

Unterstützung bei der Motivationswaage

Unterstützen Sie Ihren Klienten dabei, Gründe für und gegen eine Veränderung auszuarbeiten und so eine Motivationswaage (AB 31) aufzubauen.

Hören Sie zunächst einfach nur zu, welche Gründe er für und gegen die Veränderung aufführt. Die Gründe *für* eine Veränderung sollten sowohl beinhalten, was der Klient sich für die Zukunft wünscht als auch, was er an der derzeitigen Situation nicht mag. Die Gründe *gegen* eine Veränderung sollen ebenfalls beides beinhalten: was er sich nicht für die Zukunft wünscht und was er an der derzeitigen Situation mag.

Spiegeln Sie, was Sie verstanden haben

Stellen Sie die folgenden zentralen Fragen. Die Antworten können Sie entweder noch einmal spiegeln oder einfach im Raum stehen lassen.

▶ Was gibt Ihnen das Gefühl, dass Ihr momentanes Verhalten ein Problem darstellt?

Dann arbeiten Sie die Bedenken über das derzeitige Verhalten aus

▶ Auf welche Weise, denken Sie, fühlen sich andere gestört / betroffen?

▶ Welche Bedenken hatte Ihr/e Freundin / Chef / Gericht (oder andere wichtige Menschen in seinem Leben)?

▶ Wie fühlen Sie sich mit Ihrem Verhalten?

▶ Auf welche Weise macht es Ihnen Sorgen?

Zentrale Fragen, um über die Vorteile einer Veränderung nachzudenken

▶ Wie würde eine Veränderung Ihres Verhaltens zu dem passen, was Sie wirklich wollen?

▶ Die Tatsache, dass Sie hier sind, zeigt, dass ein Teil von Ihnen eine Änderung will. Was wären Gründe für eine Veränderung?

▶ Was bringt Sie dazu zu denken, Sie müssen sich ändern?

▶ Sagen Sie mir, wie eine Veränderung Ihr Leben verbessern würde.

AB 36 /

Zentrale Werte

Finden Sie heraus, welche Werte Ihrem Klienten am wichtigsten sind. Dazu können Sie die folgenden Fragen verwenden.

▶ Welche von allen Gründen für oder gegen eine Veränderung sind die stärksten?
Die Gewichtung kann zur Motivationswaage hinzugefügt werden, indem Sie z. B. größere Pfeile zu den Gründen hinzufügen, die den Klienten stärker von der Veränderung abhalten bzw. die wichtigsten Gründe *für* eine Veränderung sind.

Fragen zur Ausarbeitung von zentralen Werten (Abwägung)
▶ Welches sind die wichtigsten Gründe für eine Veränderung?
▶ Welches sind die wichtigsten Gründe, so zu bleiben, wie man ist?
Einige Klienten werden allein durch diese beiden Fragen anfangen, an Ihrem aktuellen Verhalten zu zweifeln und eine Veränderung anstoßen. Selbstmotivierende Aussagen geben einen Hinweis darauf, dass sich der Wunsch nach Veränderung bereits entwickelt.

Beispiel

»Das könnte ein Problem sein.«
»Mein Partner sorgt sich wegen meines Trinkens.«
»Ich sorge mich wegen meines Trinkens.«
»Ich muss etwas verändern.«
»Ich will etwas verändern.«

Bei anderen werden Sie feststellen, dass es mehr Zeit braucht. Wo starke Gründe gegen eine Veränderung vorherrschen, sollte man erst einmal das Vertrauen in eine Veränderung weiter bestärken. Das Zusammenfassen der Argumente gegen eine Veränderung kann außerdem helfen, diese noch einmal zu hinterfragen und legt den Schwerpunkt der Arbeit darauf, beim Klienten zunächst einmal Vertrauen und Zuversicht in eine Veränderung aufzubauen.

Motivationswaage: Beispiel

Welche Gründe sind am wichtigsten für SIE?

Im Folgenden sehen Sie eine beispielhaft ausgefüllte Motivationswaage mit einer Gewichtung der Gründe. Je wichtiger ein Grund ist, desto größer ist der Pfeil.

Gewichtung	Gründe, warum ich bleiben möchte, wie ich bin	Gründe, warum ich mich ändern will	Gewichtung
←	► Lachen ► Viele Leute kennenlernen	► Gesundheit	⇒
←	► Was sollte ich auch sonst tun? ► Hilft mir, Sorgen zu vergessen ► Einfacher	► Geld ► Meinen Partner behalten ► Schulden abbezahlen ► Arbeit	⇒

Zusammenfassung

Eine »Joy-Pain-Ambivalenz« liegt oft dann vor, wenn Menschen über eine Veränderung nachdenken, aber nicht in Gang kommen, sich wirklich dafür zu entscheiden. Die Motivationswaage, eingesetzt mit den Fertigkeiten Bestätigen, Zuhören, Spiegeln und offene Fragen stellen kann dem Klienten dabei helfen, sich auf die Dinge zu konzentrieren, die er wirklich will und ihm klarmachen, was es ihn kosten kann, diese Ziele zu erreichen.

Das nächste Kapitel heißt »Veränderungsmotivation entwickeln« und konzentriert sich darauf, wie der Klient mit den Anforderungen umgehen kann, die eine Veränderung mit sich bringt und den Wunsch entwickelt, anders zu sein.

KAPITEL 12 /

Veränderungsmotivation entwickeln

»Wenn man jemanden bewegen möchte,
sollte man ihm eine Vision geben,
die ihm sinnvoll erscheint.«
                    Martin Luther King

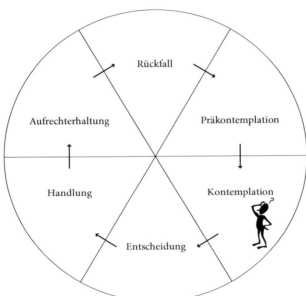

In Kapitel 11 wurde damit begonnen, die Ambivalenz des Klienten zu untersuchen und die Motivationswaage als Werkzeug dafür einzusetzen. Dieses Kapitel gibt Hinweise, wie diese Arbeit fortzusetzen ist und wie man die Veränderungsmotivation weiter fördern kann.

Bestätigen, Zuhören und offene Fragen stellen sind die Schlüssel, um es dem Klienten zu ermöglichen, sein eigenes Verhalten, Denken und Fühlen zu explorieren. Wichtig ist außerdem, sich klare Ziele zu setzen, weil anderseits die Gefahr besteht, dass die Arbeit stagniert.

Durch eine weitere Fertigkeit, das Entwickeln von Diskrepanzen, kann der Therapeut durch Einsatz eines motivierenden Stils die Ziele des Klienten seinem derzeitigen Verhalten gegenüberstellen. Konfrontation wird so zum Ziel, nicht aber zum Stil. Der Stil beinhaltet klare Vorgehensweisen zur Entwicklung von Diskrepanzen und der Ausarbeitung selbstmotivierender Aussagen, die zu Verpflichtung und Vertrauen in eine Veränderung führen.

12.1 Entwicklung von Diskrepanzen

Folgt man den gängigen Wörterbüchern, bedeutet »diskrepant« vor allem »unvereinbar, widersprüchlich«. Die Aufgabe bei der Entwicklung von Diskrepanzen ist es, dem Klienten zu helfen, Aspekte seines derzeitigen Verhaltens zu erkennen, die mit seinen zentralen Werten und Überzeugungen unvereinbar sind. Die »Fertigkeit« dabei ist, dem Klienten dabei zu helfen zu verstehen, dass die Konsequenzen seines aktuellen Verhaltens den von ihm aufgeführten langfristigen Zielen widersprechen. Der Therapeut sollte den Klienten dabei unterstützen herauszufinden, dass er sich im Moment nicht da befindet, wo er eigentlich sein möchte.

Wenn Sie an ein Verhaltensmuster denken, dass Sie selbst einmal verändert haben, ist es wahrscheinlich, dass auch Sie an einem Punkt festgestellt haben, dass es eine Unstimmigkeit zwischen Ihrem derzeitigen Verhalten und ihren langfristigen Zielen oder Werten gab. Im Folgenden werden einige Beispiele aufgeführt:

▶ Ein Mann, der die Diskrepanz erkennt zwischen seinem Rauchen und dem Wunsch, eine Frau zu heiraten, die ihm sagt, dass sie ihn liebt, aber den Geschmack von Rauch nicht ausstehen kann.

▶ Eine Frau, die zum dritten Mal ihre Stelle verliert und die Diskrepanz erkennt, die ihr Alkoholkonsum verursacht: dieser lässt sie einerseits entspannen, führt aber andererseits wiederholt zu Zusammenbrüchen.

▶ Ein Mann, der sehr viel arbeitet, um seine Familie zu versorgen und dann von seinen Kindern gefragt wird, warum er nie mit ihnen spielt.

Die Absicht der Motivierenden Gesprächsführung ist es, diesen »natürlichen« Prozess der Erkenntnis zu unterstützen, indem man auf Unstimmigkeiten aufmerksam macht, die im Leben des Klienten bereits existieren – wenn auch manchmal versteckt.

Selbstmotivierende Aussagen (Change-Talk)

> Wir wissen erst, was wir glauben, wenn wir es uns selbst sagen.

Wenn Klienten beginnen, die Diskrepanzen zwischen dem, was sie jetzt tun und dem, was sie eigentlich wollen, zu erkennen, kann sich ihre Unsicherheit in vielen Formen ausdrücken. Der Therapeut hört diese Andeutungen von »Change-Talk« heraus und reagiert darauf, indem er den Klienten vorsichtig dazu motiviert, diese aufkommenden Bedenken weiter zu explorieren. Frühe Andeutungen von Veränderungsmotivation können von empfindlicher Beschaffenheit sein und lassen sich leicht von enthusiastischer Bestätigung oder dem direkten Eintauchen in Veränderungspläne wieder vertreiben.

Miller und Rollnick (1991,1992) nannten diese Äußerungen zunächst »selbstmotivierende Aussagen« und bezeichneten sie später als »Change-Talk«. Diesen hört man dann, wenn der Klient entweder über seine derzeitige Lage Unbehagen äußert oder Signale gibt, dass er zu einer Veränderung bereit ist.

Die Aussage »Ich bin nicht sicher, ob ich so weitermachen kann« kann sich in eine Reihe neutraler Äußerungen »einschleichen«. Der Therapeut kann diese Unsicherheit spiegeln und den Klienten auffordern, mehr von seinen Bedenken auszusprechen. Eine Auswahl von Change-Talk bzw. selbstmotivierenden Aussagen wird im Folgenden mit einigen dazu passenden hilfreichen Antworten des Therapeuten besprochen.

12.2 Schritte zur Veränderung

Schritt 1 – Das Problem erkennen

»Es ist nicht so, dass sie die Lösung nicht sehen. Nein, sie sehen das Problem nicht.«

G.K. Chesterton

Das Problem zu erkennen ist ein grundlegender erster Schritt. Wo der Therapeut versucht, Lösungen zu finden, bevor eine gemeinsame Definition des Problems stattgefunden hat, ist mit Widerständen auf Seiten des Klienten zu rechnen. Der Therapeut muss die Unvereinbarkeit eines aktuellen Verhaltens mit einem zukünftigen Ziel herausstellen, um den Klienten etwa zu folgender (beispielhafter) Aussage zu motivieren: »Ich fange an einzusehen, dass Alkoholkonsum mir Probleme bringt«.

Anfangs herrscht wahrscheinlich noch Ambivalenz darüber, ob der Klient dieses Problem wirklich lösen möchte. Ambivalenz ist aber der erste Schritt in Richtung Veränderung.

Schritt 2 – Bedenken

Es wird eine Diskrepanz entwickelt zwischen dem Glauben an die Vorteile des aktuellen, destruktiven Verhaltens und den Beweisen für das Gegenteil. Der Klient äußert sowohl Bedenken über sein Verhalten als auch dessen Vorteile. Zunächst mögen das die Bedenken anderer Menschen sein, aber allmählich wird er wahrnehmen, dass er auch eigene Bedenken hat, zum Beispiel: »Ich sorge mich darüber, dass mein Alkoholkonsum Auswirkungen auf meine Partnerschaft hat.«

Schritt 3 – Veränderungsabsichten (»Commitment-Talk«)

Die Diskrepanz entwickelt sich weiter, wenn die Bedenken im Vergleich zu den Vorteilen des aktuellen Verhaltens zu überwiegen scheinen. Der erste Schritt könnte sein, zu sagen: »Ich sollte etwas dagegen tun« (Notwendigkeit). Diese Aussage wird selbstmotivierender, wenn der Klient folgende Aussagen tätigt: »Ich möchte etwas dagegen tun« (Wunsch), »Ich möchte, weil …« (Grund) und zuletzt »Ich werde etwas dagegen tun« (Selbstverpflichtung / Commitment).

Schritt 4 – Optimismus über die Veränderung (»Commitment-Talk«)

Wo der Glaube daran fehlt, dass eine Veränderung möglich ist, muss das Gegenteil bewiesen und betont werden. Der Therapeut kann den Klienten ermutigen, sich den bisherigen Erfolg zu vergegenwärtigen und so Optimismus für eine Veränderung aufzubauen.
Klienten bestätigen sich selbst noch einmal, dass sie bereit, willens und fähig für eine Veränderung sind, wenn sie voll hinter folgender Aussage stehen können:

»Ich will es tun, ich kann es tun und ich werde jetzt damit anfangen.«

Amrhein (2003) hat festgestellt, dass, je mehr sich der »Commitment-Talk« im Laufe mehrerer Gespräche steigert, desto wahrscheinlicher es ist, dass jemand sich ändert.

12.3 Einsatz der motivierenden Fertigkeiten

Bestätigen

Der Therapeut lobt gewünschtes Verhalten und Change-Talk, wann immer eines von beiden auftritt.

Zuhören

Der Therapeut achtet auf die Körpersprache, die Unwohlsein mit dem momentanen Zustand anzeigt und hört Change-Talk sowie die Auseinandersetzung mit der Veränderung heraus.

Reflektierende Aussagen

Wenn ein Klient selbstmotivierende Aussagen macht, reagiert der Therapeut, indem er die Bedeutung dieser Aussagen spiegelt. Die Veränderungsmotivation des Klienten steigt, wenn er seine eigenen Worte noch einmal hören und etwas hinzufügen kann. Der Therapeut kann auch visuell spiegeln und zusammenfassen, indem er die Motivationswaage aufzeichnet. Für Klienten, die visuelles Lernen präferieren, kann es sehr hilfreich sein, die Gründe für oder gegen eine Veränderung zu *sehen*, wenn sie versuchen, ihre Ambivalenzen aufzulösen.

Wir haben gesehen, dass reflektierende Aussagen und Zusammenfassungen wichtig sind, um zu einem freundlicheren, weniger konfrontativen Stil hinzuführen. In der Motivierenden Gesprächsführung geübte Therapeuten können ein komplettes Gespräch führen, indem sie lediglich reflektierende Aussagen tätigen. Auch kurze Gespräche, in denen Diskrepanzen aufgedeckt werden, können sehr effektiv sein.

Evokative, offene Fragen

Miller und Rollnick (2002) haben auch herausgefunden, dass »evokative Schlüsselfragen« kombiniert mit reflektierendem Zuhören in der entsprechenden Phase der Veränderung dazu beitragen, selbstmotivierende Aussagen (Change-Talk) auszuarbeiten oder hervorzulocken. Diese Aussagen können das Erkennen des Problems, Bedenken über das aktuelle Verhalten, Änderungsabsichten oder Vertrauen in die Veränderung beinhalten.

Fragen, die das Erkennen des Problems evozieren:
▶ Welche Probleme bringt der Alkoholkonsum für Sie?
▶ Was ist das größte Problem?
▶ Wie möchten Sie, dass Ihr Leben sich in einem Jahr verändert hat?

Fragen, die Bedenken evozieren:
▶ Welche Sorgen machen Sie sich in Bezug auf Ihren Alkoholkonsum?
▶ Was sind die Nachteile von Alkoholkonsum?

Fragen, die Änderungsabsichten evozieren:
► Was war das Gute an einer Veränderung, die Sie bereits durchlaufen haben?
► Was sind die Vorteile einer Veränderung?
► Was gibt Ihnen das Gefühl, dass es wichtig ist, sich zu verändern?
► Was gibt Ihnen das Gefühl, dass Sie sich ändern werden?

Fragen, die Optimismus evozieren:
► Wenn Sie sich verändern könnten, welche Ihrer Fähigkeiten würden Sie dafür einsetzen?
► Warum glaubt Ihr Partner, dass Sie es schaffen können?
► Auf einer Skala von 0 bis 10: Wie sicher sind Sie, dass Sie den Anfang machen können?
► Was verhindert, dass Sie bei 0 stehen bleiben?

Die Kunst, sokratische und evokative Fragen erfolgreich einzusetzen, ist, zuzuhören und den richtigen Zeitpunkt herauszuhören, an dem der Klient bereit dazu ist, einen Schritt nach vorne zu machen. Anschließend sollte man mit Spiegeln fortfahren.

Vermeiden Sie es, Ratschläge als Fragen zu tarnen, wie zum Beispiel:
► Warum hinterfragen Sie das Verhalten nicht einfach?
► Warum verlassen Sie ihn nicht?
► Warum hören Sie nicht einfach auf damit, in diese Kneipe zu gehen?

Diese sind vergleichbar mit den »Haben Sie eigentlich schon einmal darüber nachgedacht …?«-Fragen. Wenn die Reaktion »Ja, aber …« ist, dann weiß der Therapeut, dass ein Vorschlag zu früh gemacht wurde und dass durch eine Fortführung seiner Vorgehensweise der Widerstand auf Seiten des Klienten noch verstärkt werden kann.

Beispielgespräch

Das folgende Gespräch liefert ein Beispiel, wie die die motivierenden Fertigkeiten, Ambivalenzen zu untersuchen und Veränderungsmotivation zu entwickeln, kombiniert werden können, um selbstmotivierende Aussagen (Change-Talk) herauszuarbeiten und den Anstoß zu Veränderungen zu geben.

(B: Beraterin; K: Klientin)

B: Willkommen, Carol. Schön, dass Sie das Büro gefunden haben. Wir haben letzte Woche telefoniert und Sie haben mir gesagt, dass Ihre Ärztin Sie wegen Ihres Rauchens an mich verwiesen hat. Wir haben eine halbe Stunde, die Sie dazu nutzen können, über alle Themen, die Sie möchten, zu reden. Alles, was Sie mir sagen, ist vertraulich und wir können uns wieder treffen, wenn es Ihnen hilft. *(Zusammenfassen)*. Was würden Sie mich gerne sonst noch fragen, bevor wir anfangen? *(offene Frage, die die Kontrolle der Situation an Carol weitergibt)*

K: Nichts, wirklich, es ist meine Ärztin, die denkt, ich sollte weniger rauchen. Ich weiß wirklich nicht, warum ich hier bin. Es hat mich den ganzen Vormittag gekostet, herzukommen, und es liegt an mir, ob ich es weitermache oder aufhöre. Ich weiß eigentlich überhaupt noch nicht, ob ich es will. Nichts, was Sie sagen, kann das verändern. *(Ambivalenz und etwas Widerstand gegen die Veränderung)*

B: Ich bekomme den Eindruck, hierher zu kommen, war ein großer Schritt für Sie und es ängstigt Sie, ob sich etwas verändern wird. *(Spiegeln der Gefühle)*.

K: Ja, das war ein großer Schritt für mich. Die Ärztin sagt, wenn ich nicht aufhöre zu rauchen, bin ich in einem Jahr nicht mehr da, aber wenn ich vielleicht sowieso sterben muss, dann kann ich auch glücklich sterben.

B: Also, einerseits fragen Sie sich, ob es einen Unterschied macht, wie lange Sie noch leben, wenn Sie etwas verändern, andererseits haben Sie die große Anstrengung auf sich genommen, um hierher zu kommen und darüber zu reden. *(Spiegeln von Ambivalenz / Entwickeln von Diskrepanzen)*

K: Nun, ich genieße es, zu rauchen. Es hilft mir, Probleme zu vergessen und zu entspannen, wenn ich gestresst bin. Wenn man einmal so lange geraucht hat wie ich, wird es vermutlich ohnehin mehr schaden als nutzen, wenn man es aufgibt. *(Vorteile, das aktuelle Verhalten beizubehalten)*

B: So denken Sie also darüber nach, dass Sie ebenso gut genauso weitermachen können wie bisher und zweifeln daran, ob es Vorteile hat, aufzuhören. *(erweitertes Spiegeln der Meinung / Entwickeln von Diskrepanzen)*

K: Wohlgemerkt, die meisten meiner Probleme und Sorgen beziehen sich auf meine Gesundheit, und wenn ich aufhören würde zu rauchen, dann würde ich mich nicht mehr so sehr darum sorgen. Die Ärztin sagte, dass ich die Operationen nicht hätte haben müssen, wenn ich nicht geraucht hätte und meint, dass ich meine Überlebenschancen wirklich verbessern könnte. Es ist vielleicht sowieso zu spät, könnte ich da nicht genauso gut das Leben genießen?

B: Also, Ihre Ärztin denkt, dass Ihre Lebenserwartung sich verbessert, wenn Sie aufhören zu rauchen, aber Sie fragen sich, ob das wahr ist und ob Sie überhaupt Ihr Leben genießen könnten, wenn Sie nicht rauchen. *(Spiegeln / Entwickeln von Diskrepanzen)*

K: Nun, sie hat wahrscheinlich Recht. Ich könnte das Leben genießen, auch wenn ich nicht rauchen würde. Es wäre ja auch nur vorübergehend eine richtige Quälerei. Aber ich bin drei Mal gescheitert. Die längste Zeit, die ich ohne Rauchen durchgehalten habe, waren sechs Monate.

B: Es ist interessant, dass Sie bereits zuvor ernsthaft darüber nachgedacht haben, aufzuhören und das auch für eine ziemlich lange Zeit erfolgreich bewerkstelligt haben. Was hat es damals wichtig genug für Sie gemacht, diese Anstrengung zu unternehmen? *(Umdeutung und sokratische Frage)*

K: Ich wollte gesünder sein und nicht immer so außer Atem.

B: Welche Auswirkungen hatte es für Sie, als Sie mit dem Rauchen aufgehört haben? *(evokative Frage zur Ausarbeitung der Vorteile des Nichtrauchens)*

K: Ich konnte zum Bus laufen. Ich war nicht außer Atem, wenn ich die Treppen ging. Meine Kleidung war sauberer und mein Atem roch besser. Und ich musste keine Angst wegen der Auswirkungen auf die Kinder haben.

B: *(nickt)*

K: Mein Partner und meine Kinder waren auch glücklicher. Ich denke, Sie waren dieses eine Mal richtig stolz auf mich.

B: Also, Ihre Gesundheit hat sich immer weiter verbessert, Sie kamen besser mit Ihrer Familie zurecht und haben sich wohler in Ihrem Auftreten gefühlt. Sie haben gelächelt, als Sie das beschrieben haben, so als ob es eine Zeit war, in der Sie sich gut gefühlt haben. *(Zusammenfassen)*

K: Ja, ich habe mich viel besser gefühlt. Bis man mir sagte, dass ich operiert werden müsste, dann habe ich wieder angefangen, obwohl die Ärztin sagte, dass es das Schlechteste wäre, was ich tun könnte. Und als ich wieder damit angefangen hatte, musste ich weitermachen, um mich selbst davon abzuhalten, mir zu große Sorgen über die Zukunft zu machen.

B: Eine Zeitlang ohne Zigaretten zurechtzukommen, hat Sie entlastet. Aber kurzfristig gesehen helfen Ihnen die Zigaretten, mit Ihren Problemen klarzukommen. *(Zusammenfassen der Ambivalenz)*

K: Ich rauche, um mich zu entspannen, aber langfristig möchte ich damit aufhören. Rauchen löst keine Probleme für mich, sondern es macht die Dinge schlimmer. *(selbstmotivierende Aussage – Change-Talk)*

B: Wie stark auf einer Skala von 0 bis 10 möchten Sie aufhören zu rauchen? *(Explorieren der Motivation)*

K: 6. Es gibt eine Reihe von Gründen, warum ich aufhören möchte, meistens wegen meiner Gesundheit. Aber ich genieße es auch. Verrückt.

Das Gespräch wird fortgesetzt und die Motivationswaage als Grundlage zur Auflösung der Verwirrung eingesetzt. Diese ist im Folgenden dargestellt.

Carols Motivationswaage

Gewichtung	Gründe, warum ich bleiben möchte, wie ich bin	Gründe, warum ich mich ändern will	Gewichtung
mittel	**Kurzfristig** • genieße die Gesellschaft anderer, die rauchen	**Kurzfristig** • ich mag den Geruch der Kleidung nicht	niedrig

mittel	• »Ritual« zum Abschluss des Tages	• die Kinder mögen es nicht	mittel
niedrig	• habe etwas mit meinen Händen zu tun	• Streit mit dem Partner	hoch
		Langfristig	
hoch	• es ist schwierig, etwas zu ändern	• Gesundheit, ich will keine weitere Operation	hoch
hoch	• hilft mir, zu entspannen	• ich möchte mich besser bewegen können / das Leben genießen	hoch
hoch	• ich brauche den Kick		
	Langfristig	• dabei sein, wenn die Kinder aufwachsen	hoch
	• Keine		

B: Was, denken Sie, ist der schwerwiegendste Grund, aufzuhören? (*evokative Frage*)

K: Meine Gesundheit … ich habe Angst, dass ich, wenn ich nicht aufhöre, in einem Jahr nicht mehr da bin. Was sollen die Kinder nur ohne mich machen?

B: Ihre Kinder sind sehr wichtig für Sie. (*reflektierende Aussage, um das Gespräch auf die Wichtigkeit der Kinder zu fokussieren*)

K: Sie sind beide wunderbare Kinder. Sie bedeuten die Welt für mich.

B: Sie sind Ihre Welt. (*reflektierende Aussage*) Was denken Sie, was Sie ihnen bedeuten? (*sokratische Frage*)

K: Ich bin ihre Mutter, wir haben Spaß zusammen und sie verlassen sich auf mich. Sie sind noch sehr klein. Sam ist sechs, Jade ist zehn.

B: So sind sie nach dem Jahr, das Ihnen Ihre Ärztin gegeben hat, sieben und elf. Stellen Sie sich vor, das Jahr vergeht und Ihre Gesundheit hat sich so verbessert, wie Ihre Ärztin es für möglich hält. Was sehen Sie, was in Ihrem Leben passieren könnte? (*Vorstellung eines zukünftigen Zieles*)

K: Jade würde auf die weiterführende Schule gehen. Ich kann sie schon sehen, in der schicken Schuluniform an ihrem ersten Tag.

B: Sie scheinen sehr stolz auf sie zu sein. (*Spiegeln von Gefühlen*) Was würden Sie wirklich gerne von ihr hören, wenn sie aus der Schule zurückkommt? (*evokative Frage über ihre zukünftigen Wünsche*)

K: Wie froh sie ist, dass ich da bin und sie zum Bus bringe und höre, wie aufregend alles war, was an diesem Tag passiert ist.

B: Es klingt, als wäre es ein wirklich wichtiger Tag für sie und ein Tag, an dem Sie gerne dabei wären. (*Spiegeln der Bedeutung*)

K: Ja, ich möchte ihr einen Kuss geben, ihr sagen, dass ich sie liebe und wie stolz ich auf sie bin.

B: Welches Gefühl gibt Ihnen das?

K: Das es das alles wert war. Ja, es sind die Kinder, die der wichtigste Grund sind, dass ich aufhören will zu rauchen. Ich möchte für sie da sein. Es ist keine 6 auf der Skala, es ist mehr als das. (*verstärkte selbstmotivierende Aussage. Beachten Sie, dass dieser Grund zu Beginn des Gespräches nicht offensichtlich war*)

B: Ihre Kinder scheinen sehr wichtig für Sie zu sein und es klingt, als helfe Ihnen der Gedanke an sie dabei, Ihren Wunsch zu verstärken, einen gesünderen Lebensstil anzustreben. (*Spiegeln einer Bedeutung*)

K: Ja, ich wäre gerne gesünder und auch in einem Jahr noch bei ihnen und noch viele Jahre mehr. Aber kurzfristig fühle ich mich viel besser, wenn ich eine Zigarette habe.

B: So ist Ihr wichtigster Grund, beim Rauchen zu bleiben, dass es Ihnen hilft, sich zu entspannen, Sie fühlen, dass Sie es brauchen und es ist schwierig, damit aufzuhören. Ihre wichtigsten Gründe für eine Veränderung sind Ihre Kinder, Ihre Gesundheit und eine bessere Partnerschaft. Als wichtigsten Grund haben Sie im Großen und Ganzen angeführt, dass Sie bei Ihren Kindern sein wollen. Kurzzeitig entspannt das Rauchen Sie und hilft Ihnen, Ihre Ängste zu reduzieren. (*Zusammenfassen der Motivationswaage.*)

K: Wenn ich es mich selbst sagen höre, dann gibt es da eigentlich keine wirkliche Konkurrenz. Ich muss daran glauben, dass ich es tun kann und einen anderen Weg finden, mich zu entspannen.

B: Also, sich in der Lage fühlen, etwas zu verändern und Alternativen zu haben sind Bereiche, die Sie gerne weiterentwickeln würden. (*Carol nickt.*) Stellen Sie sich vor, Ihr Wunsch, sich zu ändern, stünde bei 10 und Sie haben keine Zweifel, dass das genau der richtige Weg für Sie ist … Was würden Sie in dieser Situation zu sich selbst sagen? (*Vorstellung eines zukünftigen Ziels*)

K: Es ist meine Entscheidung. Ich bin die einzige Person, die sicherstellen kann, dass ich für meine Kinder da bin. (*selbstmotivierende Aussage – Change-Talk*)

B: Ich habe bemerkt, dass Sie viel aufrechter gesessen haben, als Sie das sagten und dass Ihre Stimme kräftiger war. (*Spiegeln von Körpersprache und Stimme*)

K: Es ist eigenartig. Mir darüber klar zu werden, was ich will, hilft mir dabei zu denken, dass es möglich ist. (*selbstmotivierende Aussage – Change-Talk*)

B: Ich bin beeindruckt von Ihrer Bestimmtheit über das, was Sie wirklich wollen – vor allem in Ihrer Rolle als Mutter. (*Bestätigen*)

Das Gespräch endet mit einer Zusammenfassung, einer Vereinbarung, sich beim nächsten Mal auf das Selbstvertrauen hinsichtlich der Veränderung zu konzentrieren. Die Beraterin fragt Carol, wann sie sich das nächste Mal treffen.

K: Ich möchte gerne in 14 Tagen wiederkommen, wenn das recht ist und versuchen, ob ich es schaffe, bis dahin nicht zu rauchen. (*Beendigung mit einer selbstmotivierenden Aussage*)

Über das zweite Treffen mit Carol können Sie in Kapitel 13 weiterlesen.

12.4 Arbeitsblätter: »Ich will …«

Nutzen Sie die folgenden Arbeitsblätter, um Ihrem Klienten zu helfen, die Bereiche seines Verhaltens, die er verändern möchte, herauszufinden und die Vor- und Nachteile einer Veränderung abzuwägen.

AB 38 / Wer ich bin und wer ich werden möchte
Finden Sie mit diesem Arbeitsblatt zentrale, positive Werte des Klienten heraus und helfen Sie ihm, das Verhalten, das diesen Werten widerspricht sowie das positive Verhalten, das er fortsetzen möchte, zu ermitteln.

AB 39 / Was möchte ich verändern?
Helfen Sie dem Klienten, sich Ziele zu setzen und diese genau auszuarbeiten. Passen Sie den Zeitraum zur Erreichung des Zieles an die Situation des Klienten an.

AB 40 / Motivationsquellen
Helfen Sie dem Klienten, seine Ziele nach Priorität zu ordnen.

AB 41 / Ich will …
Erarbeiten Sie »Commitment-Talk«.
► Notwendigkeit zur Veränderung – »Ich bin über mein Verhalten besorgt und muss es ändern«
► Wunsch nach Veränderung – »Ich will mich verändern«
► Gründe für die Veränderung – »Ich will mich ändern, weil …«
► Fähigkeit, sich zu ändern – »Ich kann mich ändern, weil …«
► Selbstverpflichtung zur Veränderung – »Ich werde mich ändern«

AB 38 /

Wer ich bin und wer ich werden möchte

Verwenden Sie dieses Arbeitsblatt, um auszuarbeiten, was Ihre wichtigsten Werte sind. Welches Verhalten unterstützt diese und welches Verhalten nicht?

Werte	Verhalten, das zu meinen Werten passt	Verhalten, das nicht zu meinen Werten passt
Es ist wichtig für mich …	Ich mag mich selbst am liebsten, wenn ich …	Ich mag mich selbst am wenigsten, wenn ich …
… das Vertrauen anderer zu haben	… auch das tue, was ich gesagt habe	… etwas stehle

Was möchte ich verändern?

1 — Schreiben Sie die wichtigsten Dinge auf, die Sie im nächsten Jahr erreichen möchten.

2 — Stellen Sie sich vor, wie es aussieht, sich anfühlt und klingt, wenn Sie jedes dieser Ziele erreichen.

3 — Wie wirkt das auf die Menschen aus, die Ihnen wichtig sind?

4 — Streichen Sie nun alles, was Sie nicht wirklich wollen.

5 — Streichen Sie alles, was Sie nicht kontrollieren können.

6 — Streichen Sie alles, das nicht zu der Person passt, die Sie sind und sein möchten.

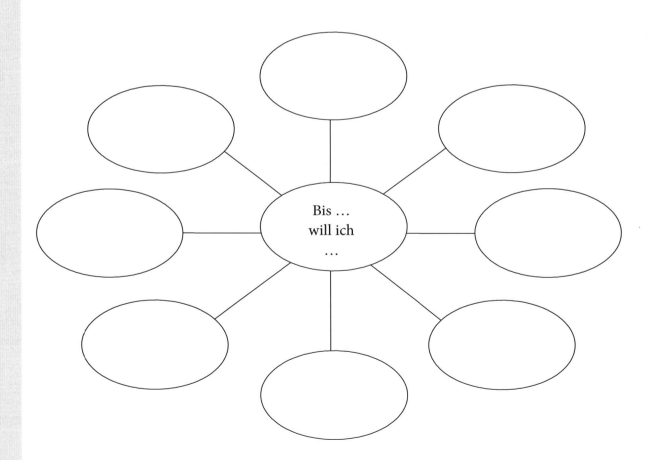

Motivationsquellen

Welches Ihrer Ziele erfüllt die oberen Ebenen der Pyramide?

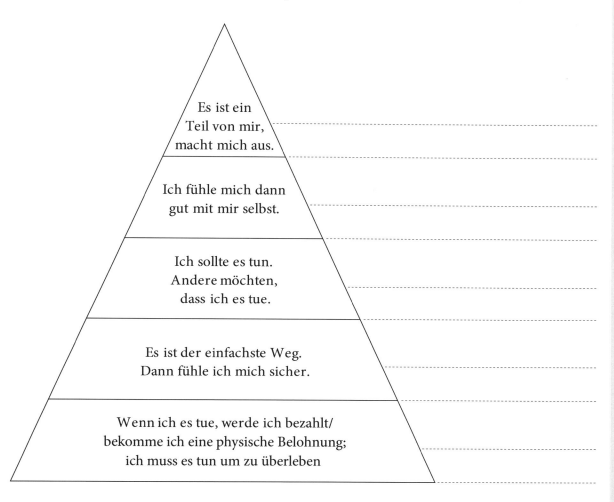

AB 41 /

K

Ich will …

Wählen Sie ein Ziel aus, das mit Ihren Werten übereinstimmt und einem höheren Level der Pyramide zuzuordnen ist. Markieren Sie auf der Linie, wie sehr Sie dieses Ziel wirklich erreichen möchten (0 ist niedrig und 10 ist hoch).

0	1	2	3	4	5	6	7	8	9	10

Ich will nicht …   Ich will wirklich …

1 — Was beunruhigt Sie an Ihrem aktuellen Verhalten?

----

2 — Welches ist der Hauptgrund, dass Sie sich verändern wollen?

----

3 — Warum glauben Sie, dass Sie sich verändern *können*?

----

4 — Warum glauben Sie, dass Sie sich verändern *werden*?

Zusammenfassung

Der Wunsch des Klienten, sich zu ändern, ergibt sich oft aus dem Erkennen der Diskrepanz seines aktuellen Verhaltens zu dem, was er wirklich will. Um die Veränderungsmotivation in eine Handlung zu übertragen, braucht der Klient Vertrauen in seine eigenen Fähigkeiten, sich zu ändern. Das ist das Thema des nächsten Kapitels mit dem Titel »Bestätigen und Vertrauen in die Veränderung geben«.

KAPITEL 13 /

Bestätigen und Vertrauen in die Veränderung geben

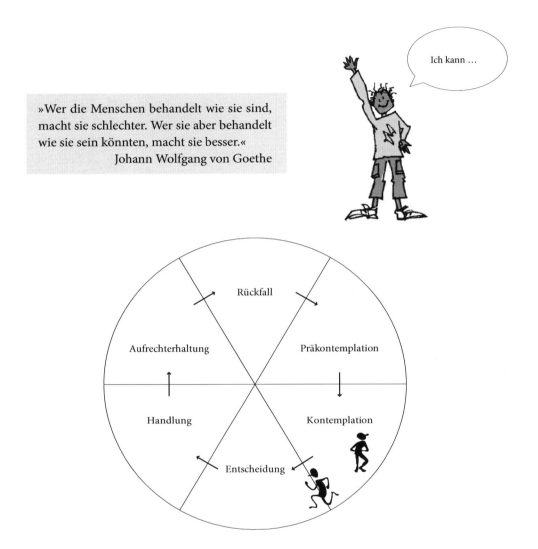

»Wer die Menschen behandelt wie sie sind, macht sie schlechter. Wer sie aber behandelt wie sie sein könnten, macht sie besser.«
Johann Wolfgang von Goethe

13.1 Vertrauen aufbauen

Wenn Sie über Ihr eigenes Leben nachdenken, gibt es bestimmt einige Bereiche, die Sie wirklich gerne ändern würden, aber daran zweifeln, dass Sie das schaffen. Was geschieht, wenn Ihre Zweifel wachsen? Sofern Sie nicht ein überdurchschnittlich entschlossener Typ sind, können Sie feststellen, dass der erste und eigentliche Zweifel der daran ist, dass Sie sich überhaupt ändern wollen. Wie wäre es, wenn Sie mehr Vertrauen in die eigenen Fähigkeiten zur Veränderung bekommen? Es kann gut sein, dass Ihre Motivation, sich zu ändern, größer wird und Sie dadurch viel eher bereit sind, den ersten Schritt zu machen. Das ist eine häufige »rationalisierende Erfahrung«.

Als Therapeut, der einen Klienten zu einer Veränderung motivieren möchte, ist es entscheidend, zuzuhören und die Momente zu erkennen, in denen der Wunsch nach Veränderung hoch ist, aber das Vertrauen in die eigenen Fähigkeiten noch aufgebaut werden muss. Der Schwerpunkt des Therapeuten muss sich dann vom Aufbau der Veränderungsmotivation hin zur Bestätigung und Verstärkung des Klienten bewegen.

13.2 Bestätigen

Bestätigung im Sinne der Motivierenden Gesprächsführung geschieht in zwei Schritten. Zunächst äußert der Klient, inwiefern er an seine eigenen Möglichkeiten zur Veränderung glaubt. Anschließend zeigt der Therapeut die bereits vorhandenen »Beweise« für seine Fähigkeit zu einer Veränderung auf. Der Therapeut sollte Fragen stellen, die dem Klienten dabei helfen, seine Stärken zu erkennen und auszusprechen: dazu eignen sich vor allem evokative Fragen. Zum Beispiel könnte der Therapeut den Klienten auffordern: »Nennen Sie mir die Fähigkeiten, die Sie einsetzen werden, wenn Sie sich ändern.« Diese Aufforderung bzw. offene Frage lenkt das Augenmerk des Klienten hin zu seinen Ressourcen und Stärken. Wenn der Klient seine Stärken dann selbst benennt, hat das eine deutlich größere Wirkung als wenn der Therapeut einfach sagen würde: »Sie schaffen das.«

Das bedeutet nicht, dass Sie als Therapeut nicht Ihr Vertrauen in die Fähigkeiten des Klienten zur Veränderung zeigen sollten. Im Gegenteil: Die Forschung gibt Hinweise darauf, dass es wichtig ist, genau das zu tun. Als Therapeut und damit Vertreter der Veränderung werden Sie ohnehin viele zustimmende Aussagen machen, indem Sie spiegeln, was Sie gesehen und gehört haben. Zum Beispiel könnte ein Therapeut sagen: »Sie haben vorhin erwähnt, dass Sie Ihre Diabetes seit drei Monaten erfolgreich kontrollieren und dass Sie Ihre Ernährung zusammen mit Ihrem Partner planen.« Ein weiteres Beispiel wäre: »Ich habe bemerkt, dass Sie immer pünktlich zu unseren Terminen kommen. Es scheint mir, als ob Sie die Fähigkeit haben, Ihre Zeit richtig einzuteilen.«

Wenn Sie an Ihre eigenen Erfahrungen denken, wie fühlen Sie sich selbst, wenn jemand allem, was Sie sagen, mit Interesse zuhört? Welche Art von nonverbaler Kommunikation lässt Sie an Ihren eigenen Fähigkeiten zweifeln und welche Art von nonverbaler Kommunikation stärkt Sie? Reflektierendes Zuhören, Rapport und Zustimmung zeigende nonverbale Kommunikation sind Teil der Bestätigung und helfen dabei, Vertrauen in die Veränderung aufzubauen.

Für einige Klienten kann die erste Zeit des Kontaktes mit Ihrer Praxis noch eine Art »Schonzeit« sein, wenn Sie direkt eine Chance erkennen, Veränderungsmotivation aufzubauen. Der Wunsch nach Veränderung kann in dieser Phase bereits sehr hoch sein, insbesondere wenn der Klient von selbst gekommen ist. Der Aufbau von Vertrauen in dieser frühen Phase kann einen späteren Abfall der Motivation verhindern.

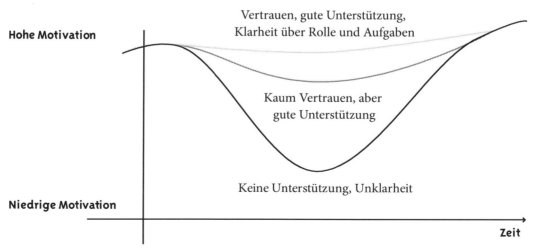

Zusammenhang der Motivation mit Vertrauen und Unterstützung

Die Abbildung zeigt, wie die Motivation bei jedem Vorhaben sinken, aber auch zurückkommen kann, wenn zuvor Vertrauen aufgebaut wurde. Manchmal gehen Menschen Aufgaben mit sehr großer Motivation an, um »jetzt und hier etwas gegen mein Problem zu tun«. Wenn sie dann mit Schwierigkeiten konfrontiert werden, fühlen sie sich sofort entmutigt. Die Motivation sinkt, das Vertrauen in die eigenen Fähigkeiten verfliegt. Ein Schwerpunkt auf Vertrauensbildung zu Anfang einer Therapie oder Beratung hilft, an diesen Punkten die Motivation wiederzufinden.

Die folgenden Übungen zur Bestätigung Ihrer Klienten kann zusammen mit ihnen durchgeführt werden, um ihnen dabei zu helfen, die aktuelle Ebene ihres Selbstvertrauens zu erforschen und zu steigern. Passen Sie die Übungen an Ihre Klienten an. Wenn Sie die Übungen besprechen, hören Sie sich die Meinungen und Sorgen des jeweiligen Klienten an, beobachten und bestätigen Sie seine Körpersprache. Spiegeln Sie jedwede selbstmotivierende Aussage (Change-Talk) und ermutigen Sie den Klienten, mehr von sich zu erzählen. Lassen Sie sich eher vom Klienten leiten als sich strikt an die Übungen zu halten.

AB 42 /

Vertrauen aufbauen – Schritt 1

1 — Welches Verhalten möchten Sie verändern?

----

2 — Markieren Sie mit einem Kreuz auf der Leiter unten, wie viel Vertrauen Sie in Ihre Veränderung haben (10 bedeutet: Ich kann es schaffen; 0 bedeutet: Ich denke nicht, dass ich es schaffen kann)

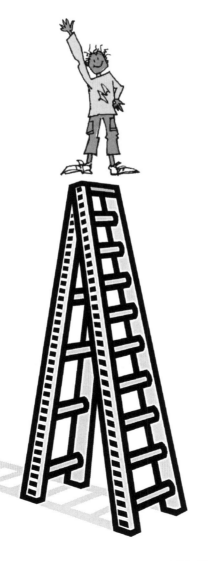

Ich kann … | 10 |

| 5 |

Ich kann nicht … | 0 |

AB 43 /

Vertrauen aufbauen – Schritt 2

1 — Was hindert Sie daran, bei 0 auf der Leiter zu stehen?

----

2 — Was müsste geschehen, um Sie dahin zu bringen, einen weiteren Schritt in Richtung 10 zu machen?

Stellen Sie sich vor, bei 10 zu stehen.

3 — Was hat Ihnen geholfen, hierher zu kommen?

----

4 — Wer hat Ihnen noch geholfen?

 © Fuller/Taylor: Therapie-Tools Motivierende Gesprächsführung. Beltz, 2015

Benennen Sie Dinge, die Sie jetzt tun können.

1 — Beziehen Sie auch die Fähigkeiten mit ein, mit deren Hilfe Sie mit alltäglichen Situationen umgehen.

Ich kann …

----

2 — Beziehen Sie auch die Fähigkeiten mit ein, die Sie bisher eingesetzt haben, wenn Sie etwas gut gemacht haben.

Ich kann …

----

3 — Beziehen Sie auch das ein, von dem andere sagen, dass Sie es schaffen können.

Vertrauen aufbauen – Schritt 3

Nennen Sie die Dinge, die Sie jetzt gut tun können.

Ich kann …

Schreiben Sie nun die Dinge auf, die Sie wirklich gut können:

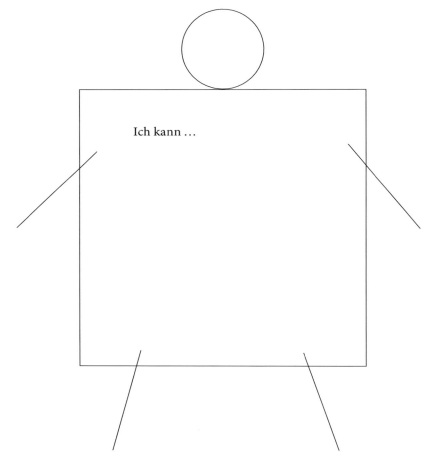

Ich kann …

Welche dieser Fähigkeiten können Ihnen helfen, einen weiteren Schritt in Richtung 10 auf der »Ich kann«-Leiter zu machen?

AB 45 /

Vertrauen aufbauen – Schritt 4

Was steht noch im Weg?

Tragen Sie auf den folgenden Zeilen ein, was Sie noch an einer Veränderung hindert.

Was steht im Weg?

Wenn ich es ändern könnte, würde ich …

Wer oder was ist dabei nicht hilfreich?

Vertrauen aufbauen – Schritt 5

Wer kann helfen?

Tragen Sie in die folgende Abbildung alle Menschen ein, die Sie kennen, die Ihnen bei Ihrer Veränderung helfen können.

► Wer hat Ihnen schon einmal geholfen?
► Wer glaubt daran, dass Sie es schaffen können?
► Wer würde sich freuen, wenn Sie sich verändern?

Stellen Sie sich vor, Sie hätten sich verändert.

► Wer hat Ihnen am meisten geholfen?

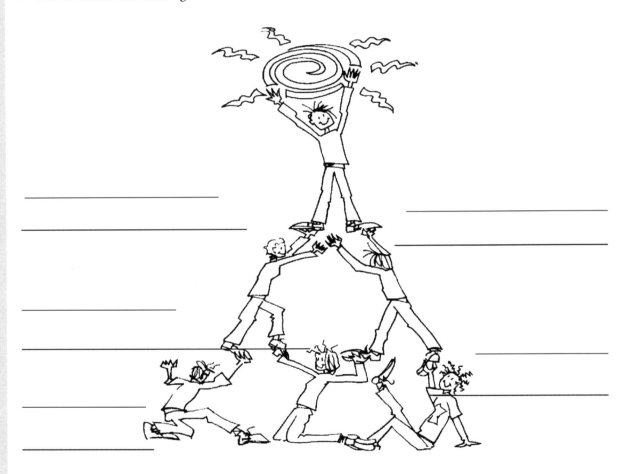

AB 47 /

Vertrauen aufbauen – Schritt 6

Mit ein bisschen Hilfe ...

1 — Was sagen andere, würde Ihnen helfen, sich zu ändern?

2 — Bei welchem Ziel, sagen andere, sind Sie angekommen?

3 — Stellen Sie sich vor, Sie haben sich verändert. Was hören Sie andere Menschen sagen?

AB 48 /

K

Vertrauen aufbauen – Schritt 7

Rückschau 1

Erinnern Sie sich daran, als Sie selbst Ihr ärgster Feind waren.

1 — Was haben Sie getan und gesagt?

----

2 — Was haben Sie gedacht?

----

3 — Was haben Sie gefühlt?

AB 49 /

Vertrauen aufbauen – Schritt 8

Rückschau 2

Erinnern Sie sich an die Zeit, als Sie selbst Ihr bester Freund waren: als Sie gedacht haben, Sie können sich nicht ändern, aber es getan haben; als Sie etwas gut gemacht hatten, als Sie sich gut mit sich selbst gefühlt haben.

Welche Stärken haben Sie bei sich bemerkt und eingesetzt?

AB 50 /

Vertrauen aufbauen – Schritt 9

Andere Möglichkeiten

Denken Sie noch einmal an die Zeit zurück, als Sie selbst Ihr ärgster Feind waren.

Was hätten Sie anders machen können?

Was hätten Sie sonst noch sagen können?

Wie hätten Sie sich dann gefühlt?

AB 51 /

Vertrauen aufbauen – Schritt 10

Hindernisse überwinden

Zurück zum Arbeitsblatt 45 (Vertrauen aufbauen – Schritt 4; »Was steht noch im Weg?«). Was können Sie tun, um Hindernisse und Schwierigkeiten zu überwinden?

Ich kann …

Wer kann Ihnen dabei helfen?

Motivierende Gesprächsführung mit Carol – Vertrauen aufbauen

(für den Beginn des Gespräches mit Carol s. Kap. 12)

B: Hallo Carol, schön, Sie wiederzusehen. Es ist jetzt zwei Wochen her, dass wir uns zum ersten Mal gesehen haben. Sie haben über die Gründe nachgedacht, warum Sie das Rauchen aufgeben möchten und wie Sie das erreichen können. Bei der letzten Gelegenheit kam Ihr Wunsch, einen gesünderen Lebensstil anzunehmen, sehr stark herüber, vor allem im Hinblick darauf, Ihre Chancen zu verbessern, körperlich etwas zu tun und Ihre Kinder zu unterstützen. Beim letzten Mal haben Sie angegeben, dass Sie herausfinden möchten, wie Sie es schaffen können. *(Zusammenfassen)*

K: Ja, ich habe entschieden, dass ich definitiv mit dem Rauchen aufhören will. Ich habe einen Versuch gemacht und es hat auch für eine kurze Zeit funktioniert. Ich habe es nach unserem ersten Treffen geschafft, zwei Tage ohne eine einzige Zigarette auszukommen und für einen Moment dachte ich, das war es, ich habe es geschafft. Aber jetzt bin ich wieder hier und rauche immer noch. Ich habe es zurückgefahren, aber weniger als ich wollte.

B: Sie klingen, als stünden Sie in Bezug auf den Wunsch, sich zu ändern, bei der 10. *(Spiegeln)*

K: Ja, es war der Gedanke an die Operation und an die Kinder. Ich habe mir immer wieder gesagt, dass ich es wirklich will und das hat enorm geholfen, aber dann habe ich allmählich wieder angefangen. Vielleicht bin ich einfach süchtig und kann nicht aufhören.

B: Einerseits fragen Sie sich, ob Sie sich ändern können, andererseits sind Sie sich bewusst, dass Sie schon einige Schritte vorwärts gemacht haben. Sie haben für zwei volle Tage aufgehört, und in der Vergangenheit haben Sie bis zu zwei Monate lang aufgehört. *(Spiegeln der Ambivalenz / Entwicklung der Diskrepanz)*

K: Ja, ich kann es, wenn ich an die Kinder denke und wenn ich unbedingt rauchen muss, kann ich die Plastikzigaretten benutzen. Es ist nur so schwierig, wenn ich müde von der Arbeit und gestresst nach Hause komme.

B: Also ist die Zeit, wenn Sie von der Arbeit kommen, eine riskante Zeit für Sie. *(Spiegeln)*

K: Sobald ich reinkomme, beginne ich mit der Tagesmutter zu reden und sie bietet mir eine Zigarette an. Es ist so viel einfacher, ja zu sagen und zu denken, es ist nur eine, aber es endet meistens mit zwei oder drei.

B: Sie finden es schwierig, den Leuten zu sagen, dass Sie nicht mehr rauchen, wenn sie Ihnen eine Zigarette anbieten. *(Spiegeln einer Bedeutung)*

K: Ja, wenn es Abend ist und wenn ich mit Leuten zusammen bin, die rauchen, besonders Freunde. Es ist gut, wenn ich mit meinem Partner oder den Kindern zusammen bin. Das lenkt mich ab.

B: Sie rauchen also nur, wenn Sie mit Leuten zusammen sind, die rauchen. *(erweitertes Spiegeln)*

K: Naja, ich rauche auch, wenn mich jemand kritisiert hat. Mein Partner ist manchmal wirklich verärgert darüber, und das gibt mir wiederum das Gefühl, nutzlos zu sein, und dann hilft das Rauchen dabei, mich zu beruhigen.

Das Gespräch geht weiter, indem die Beraterin die Situationen darstellt, in denen Carol raucht und wann sie es schafft, ihr Rauchen zu kontrollieren. Der erste Teil der »Was steht im Weg«-Übung (s. AB 45) ist fertiggestellt und besprochen.

AB 45 /

Vertrauen aufbauen – Schritt 4 (Carols ausgefülltes AB)

Was steht noch im Weg?

Tragen Sie auf den folgenden Zeilen ein, was Sie noch an einer Veränderung hindert.

Was steht im Weg?

- Ich brauche Ruhe, wenn ich nach Hause komme
- Tagesmutter raucht
- Eine Zigarette angeboten bekommen
- Es genießen, mit Freunden in die Kneipe zu gehen und eine Zigarette angeboten zu bekommen
- Nach einem Streit gehe ich zu meiner Freundin, schimpfe und rauche

Wenn ich es ändern könnte, würde ich …

- … etwas anderes zur Entspannung tun
- … sie bitten, nicht zu rauchen oder eine andere Tagesmutter suchen
- … NEIN sagen
- … mit anderen Freunden ausgehen. Mit denen zusammen sein, die nicht rauchen und herausfinden, was sie tun
- … die Beziehung zu meinem Partner klären, damit wir weniger streiten

Wer oder was ist dabei nicht hilfreich?

- Tagesmutter
- Arbeitskollegen, die rauchen
- Partner, der mich kritisiert

Carol hat auch das Arbeitsblatt 46 (Schritt 5: »Wer kann helfen?«) ausgefüllt. Die beiden Übungen und das Gespräch haben Carol geholfen, die Bereiche auszuarbeiten, in denen sie sich Unterstützung wünscht: von ihrem Partner und von anderen, die in einer ähnlichen Situation wie sie sind. Ein großer Wunsch von ihr ist auch, ein rauchfreies Umfeld in ihrem eigenen Zuhause zu haben.

B: Ich möchte, dass Sie sich Folgendes vorstellen: Sie haben die Unterstützung bekommen, die Sie wollten. Bei Ihnen zuhause ist niemand mehr, der raucht, Sie können mit jemandem reden, der nicht raucht, wenn Sie Angst davor haben oder versucht sind, zu rauchen, und Sie und Ihr Partner loben einander mehr als sich zu kritisieren … Was können Sie sich vorstellen, zuerst zu erreichen? *(sokratische Frage)*

K: Jemanden zum Reden zu haben, wenn ich versucht bin, zu rauchen.

B: Sie klingen ziemlich zuversichtlich dabei. *(Spiegeln von Carols Stimmlage und Haltung)*

K: Ja, meine Ärztin hat mich an eine Gruppe verwiesen, die mir beim letzten Mal, als ich das Rauchen aufgegeben habe, sehr geholfen hat. Ich kann wieder daran teilnehmen und immer, wenn ich reden möchte, jemanden anrufen.

B: Ein erreichbarer erster Schritt wäre somit die Teilnahme an der Selbsthilfegruppe. *(Spiegeln von Zuversicht)*

K: Ich würde auch gerne mein Zuhause rauchfrei machen, aber ich weiß, dass es Mühe machen würde. Aber es würde helfen, wenn mein Partner und ich das zusammen machen würden. Ich weiß noch nicht, wie ich der Tagesmutter sagen soll, dass sie nicht mehr rauchen darf.

B: Sie sagen, dass es sehr wichtig für Sie ist, nach Hause zu kommen und dort wird nicht geraucht. Sie möchten außerdem Ihren Partner mehr einbeziehen. *(Spiegeln des gewünschten Ergebnisses)*

K: Ja, ich denke, die beste Möglichkeit wäre es, zuerst mit meinem Partner zu sprechen und ihm zu sagen, wie schwierig es für mich ist.

B: Wie sicher sind Sie, auf einer Skala von 0 bis 10, dass Sie mit ihm über die Tagesmutter und andere, die rauchen, sprechen werden?

K: 9.

B: Was würde es zu einer 10 machen? *(evokative Frage, um Change-Talk hervorzurufen)*

K: Ich muss mich nur entscheiden, wann ich es machen werde. Ich muss sicherstellen, dass wir beide in der richtigen Stimmung sind und dass sonst niemand dabei ist. Ich denke, wenn die Kinder im Bett sind, ist der richtige Zeitpunkt.

B: Und Sie sagten vorhin, dass sie einander eher loben als kritisieren wollen. *(Spiegeln einer früheren selbstmotivierenden Aussage)*

K: Ja, ich könnte mit etwas beginnen, worüber ich mich gefreut habe, vielleicht wäre es dann wahrscheinlicher, dass er sich auch über mich und meine Veränderung freut.

B: Das klingt, als hätten Sie einige Ideen, um ein Umfeld mit mehr Unterstützung für Ihre Veränderung zu schaffen. Erinnern Sie mich doch noch einmal daran, welche Schritte Sie unternehmen wollen, bevor wir uns das nächste Mal treffen. *(evokative Frage)*

K: Ich werde wieder zu der Selbsthilfegruppe gehen, die mir schon einmal geholfen hat. Ich werde die ersten Schritte unternehmen, ein rauchfreies Zuhause zu bekommen, und ich werde Schritte unternehmen, eine bessere Beziehung zu meinem Partner zu bekommen, indem ich ihm sage, was für ein guter Koch er ist. Ich werde für den Rest des Tages nicht mehr rauchen. *(Commitment-Talk)*

Zusammenfassung

Motivierende Bestätigung konzentriert sich auf Bestärkung. Der Klient wird darin bestärkt, seine eigenen Ressourcen und Stärken zu erkennen und einzusetzen und an die Möglichkeit einer Veränderung zu glauben.
Kapitel 14 zeigt, wie man diesen Glauben in Handlungen überträgt.

»Glaube ans Gelingen, und du wirst wahrscheinlich Recht behalten; glaube an dein Scheitern und du wirst mit Sicherheit Recht behalten.«

Henry Ford

KAPITEL 14 /

Motivierende Handlungsplanung

»Wenn man nicht weiß, wohin man geht, landet man irgendwo anders.«

Laurence J. Peter

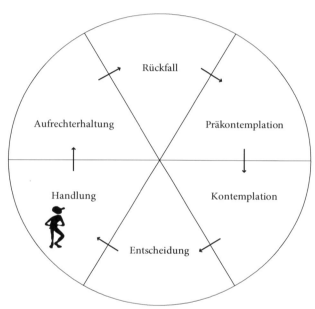

Die konkrete Planung, wie eine Veränderung zu erreichen ist, funktioniert am besten, wenn jemand bereits entschieden hat, dass er sich ändern will. Obwohl das ganz selbstverständlich klingt, kann es in der Realität ganz anders sein. Sobald es Anzeichen für ein Problem gibt, steht der Therapeut unter dem Druck, es zu beheben. Der Druck kann durch ihn selbst entstehen, weil er dem Klienten helfen will oder durch die Anforderungen seines Arbeitgebers bzw. der Institution, für die er arbeitet, einen Handlungsplan zu entwerfen.

Man ist leicht versucht zu denken, dass jedes Anzeichen für Bereitschaft zur Veränderung ein uneingeschränktes Bekenntnis zur Veränderung ist und sich bereits viele mögliche Lösungen überlegt. In der Motivierenden Gesprächsführung wird zunächst ermittelt, zu welchen Veränderungen der Klient bereit ist, um ihn dann darin zu bestärken, die Verantwortung dafür zu übernehmen, wie diese Veränderungen stattfinden sollen.

Kapitel 14 exploriert,

(1) wie man die Bereitschaft zur Veränderung erkennt,

(2) wie man Ziele setzt und die Bereitschaft zur Veränderung stärkt,

(3) wie man dazu motiviert, konkrete Handlungen zu planen.

14.1 Zeichen der Bereitschaft zur Veränderung

Der Bereich seines Lebens oder seiner Person, den der Klient bereit ist zu verändern, ist möglicherweise nicht der gleiche, auf den der Therapeut in erster Linie abzielt – aber sie können letztlich beide zum gleichen Ziel führen. Ein Klient möchte zum Beispiel noch nicht seinen Alkoholkonsum reduzieren, aber er möchte vielleicht

► einen Arbeitsplatz bekommen,
► gesünder leben,
► seine »Ausraster« reduzieren.

Ein echter Ausdruck des Wunsches nach Veränderung ist eine gute Chance für den Therapeuten. Es kann hilfreich sein, zuerst auf die primären Ziele des Klienten einzugehen und sie erst später mit den Zielen des Therapeuten zu verknüpfen. Wenn der Therapeut allerdings erst einmal den Wunsch zur Veränderung weiter exploriert, anstatt dazu überzugehen, Vertrauen und Commitment beim Klienten aufzubauen, kann diese Möglichkeit verloren gehen. Die motivierenden Fertigkeiten, zuzuhören und offene Fragen zu stellen, werden weiterhin hilfreich sein, aber der vorherige Schwerpunkt auf dem Zusammenfassen der Äußerungen des Klienten wird nun zurückgenommen. Der Grundsatz, Vertrauen in die eigenen Fähigkeiten zur Veränderung zu entwickeln, bekommt an dieser Stelle eine größere Bedeutung als der Grundsatz, Diskrepanzen zu entwickeln. Hier werden zusätzliche Fertigkeiten zur Festlegung von Zielen und Planung von konkreten Maßnahmen notwendig.

Die Kunst der Motivierenden Gesprächsführung ist es, den richtigen Moment für die Umlenkung des Schwerpunktes zu finden. Dieser kann in der Phase der Handlungsplanung liegen und dann für eine Weile zur Kontemplationsphase zurückgehen und dann weiter zu einer Phase der Vertrauensbildung gehen. Der Wechsel des Schwerpunkts soll idealerweise mühelos und natürlich sein. Arbeitsblatt 52 ist für den Therapeuten gedacht und kann als Checkliste eingesetzt werden, um herauszufinden, wann der Zeitpunkt gekommen ist, den Schwerpunkt des Gesprächs zu verschieben.

Commitment-Talk – Einige Hinweise

> »Bis sich jemand verpflichtet hat, ist da ein Zögern (…) Ein ganzer Strom von Ereignissen ergibt sich aus der Entscheidung.«
>
> Johann Wolfgang von Goethe

Ein Klient, der sich wirklich verändern möchte, wird das sowohl verbal als auch non-verbal zeigen. Sprache, die impliziert, dass *jemand anders* möchte, dass sie sich verändern wie

► Ich sollte …,
► Ich müsste …,
► Ich bin gezwungen, zu …,

wird ersetzt durch eine Sprache, die einen starken *persönlichen Wunsch*, sich zu ändern, ausdrückt:

► Ich will …

Sprache, die einen *eingeschränkten Glauben an sich selbst* zeigt, wie
► Ich werde versuchen …,
► Ich weiß nicht, ob ich das kann,
► Ich würde, wenn ich könnte …,
wird ersetzt durch eine Sprache, die *Selbstvertrauen und Eigenverantwortlichkeit* einschließt:
► Eine Sache, die ich machen kann, ist …,
► Ich kann das.

Sprache die *Zögern* oder *Zurückhaltung* äußert, wie
► Ich könnte …,
► Ich werde irgendwann …,
wird ersetzt durch eine Sprache, die *Sicherheit* ausdrückt:
► Ich werde das heute machen.

Körpersprache und Stimmlage werden die Verbalisierung unterstützen, wenn der Wunsch nach Veränderung wirklich echt ist. Obwohl es natürlich kulturelle und geschlechtsspezifische Unterschiede gibt, wird jemand, der voll hinter einer Veränderung steht, eher Augenkontakt halten und Gefühle durch Gesicht, Körper und Stimmlage äußern. Oft werden Sie feststellen, dass die Angst oder Zurückhaltung, die in der Kontemplationsphase gezeigt wurden, sich langsam lösen und durch ruhigere, entspanntere Körperhaltungen ersetzt werden. Wo Inkongruenz herrscht, also die verbalen Äußerungen etwas anderes aussagen als die Körpersprache, ist es meist ratsam, der Körpersprache zu glauben.

AB 52 /

Zeichen der Bereitschaft zur Veränderung

Nutzen Sie die Checkliste, um zu beurteilen, ob der Klient bereit dazu ist, zur Zielsetzung und konkreten Handlungsplanung überzugehen.

Der Klient zeigt Folgendes:

☐ selbstmotivierende Aussagen (Change-Talk) innerhalb eines bestimmten Zeitraums wie »Das ist ein Problem«, »Ich *möchte* mich ändern«, »Ich *kann* mich ändern«, »Ich *werde* mich ändern«

☐ verstärktes Commitment bezüglich der Veränderung im Gespräch, das einen starken *Wunsch* zur Veränderung, die *Fähigkeit* zur Veränderung, *Gründe* für eine Veränderung und die *Notwendigkeit* der Veränderung beinhaltet

☐ eine klare Verbindung zwischen kurzfristigen und langfristigen Zielen und Werten

☐ eine Vorstellung von der Zukunft mit einem veränderten Verhalten als zentralen Punkt

☐ Eigenverantwortung für die Veränderung

☐ Vertrauen in die eigenen Stärken und darin, Hindernisse überwinden zu können

☐ Glauben an die Veränderung

☐ den Wunsch nach Veränderung eher über einen längeren Zeitraum entwickelt als ganz plötzlich

☐ die Beschreibung kleiner Schritte in Richtung Veränderung

14.2 Ziele setzen

Alice:
»Bitte sage mir, welchen Weg ich gehen soll.«
Katze:
»Das hängt davon ab, wohin du willst.«

Lewis Carroll, Alice im Wunderland, 1866

Ist einmal die klare Entscheidung für eine Veränderung getroffen, ist der nächste Schritt, motivierende und erreichbare Ziele festzulegen. Ein motivierender Ansatz bürdet diese Ziele aber nicht auf, sondern erarbeitet sie mit dem Klienten zusammen und hilft dabei, sie in die Richtung zu verfeinern, dass sie den folgenden Eigenschaften entsprechen:

▶ genau – klare Aussagen wie z. B. »Ich will in Größe 40 passen« anstelle von »Ich will abnehmen«
▶ messbar – Fortschritte in Richtung des Zieles können überwacht werden
▶ erreichbar – etwas, das der Klient auch umsetzen kann
▶ passend – das Ziel passt zu langfristigen Werten und anderen Zielen des Klienten sowie zu Ihren Zielen
▶ zeitlich begrenzt – mit einem genauen Zeitplan für die Zielerreichung
▶ selbstbestimmt – ausgewählt vom Klienten anstatt vom Therapeuten
▶ bejahend – eingerahmt als etwas, das gewünscht wird, anstatt etwas, das nicht gewünscht wird, z. B.: »Ich möchte eine Arbeit bekommen und behalten« anstatt »Ich möchte nicht mehr jeden Morgen betrunken sein«.

Wenn der Klient unrealistische Ziele setzt, können Sie, anstatt zu streiten oder versuchen, ihn zu etwas zu überreden, Fragen stellen, Ungereimtheiten spiegeln und so den Wunsch des Klienten, das Ziel zu ändern, wecken.

Ergebnisse verdeutlichen

K

Schreiben Sie in die Lücken, was Sie *wirklich* verändern wollen und geben Sie auch einen Zeitpunkt an, bis wann Sie diese Veränderungen umgesetzt haben wollen.

Drücken Sie aus was sie *tun wollen* und nicht, was Sie *nicht tun wollen*.

Bis zum .... werde ich

....

....

....

Prüfen Sie, ob das auch Ihrer Kontrolle unterliegt, und ändern Sie es, wenn das nicht der Fall ist.

Bis zum .... werde ich

....

....

....

1 — Wie genau sieht das aus, wenn Sie sich verändern?

....

....

....

....

2 — Was wird Ihre Umgebung darauf reagieren?

....

....

....

....

▶

K

Ergebnisse verdeutlichen

3 — Wie werden Sie sich fühlen?

----

4 — Was werden die Menschen, die Ihnen wichtig sind, über diese Veränderung denken?

AB 54 /

Wie sehr glauben Sie daran, dass Sie sich ändern?

Markieren Sie an der Zielscheibe, was Sie glauben, wie nahe Sie Ihrem Ziel kommen.
Wenn Sie glauben, Sie erreichen nichts, machen Sie ein Kreuz im äußeren Kreis (ich werde nicht ... – 1).
Wenn Sie denken, Sie könnten etwas verändern, dann machen Sie ein Kreuz auf der Hälfte zur Mitte (5).
Wenn Sie denken, Sie werden definitiv die geplante Veränderung vollständig durchziehen, dann machen
Sie ein Kreuz in der Mitte der Zielscheibe (Ich werde ... – 10)

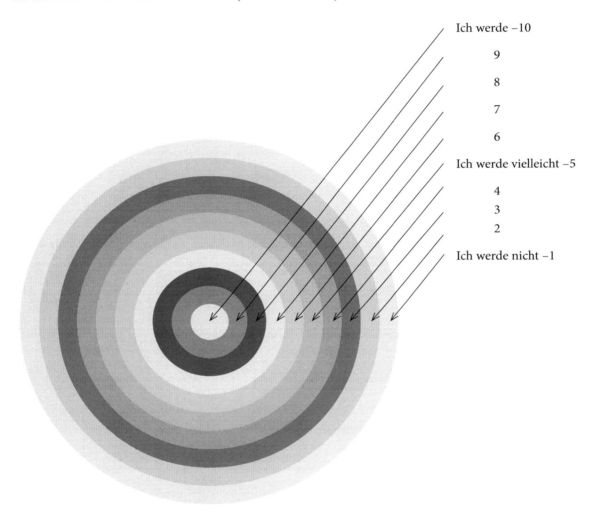

Ich werde –10

9

8

7

6

Ich werde vielleicht –5

4

3

2

Ich werde nicht –1

14.3 Veränderungen planen

> Wer schon beim Planen scheitert, plant sein eigenes Scheitern.
>
> Sprichwort

Es gibt viele Wege, ein Ziel zu erreichen. Unterschiedliche Methoden funktionieren bei unterschiedlichen Menschen. Das Anbieten nur einer Möglichkeit zur Erreichung eines Ziels fordert den Klienten geradezu dazu auf, diese zu hinterfragen. Ein motivierender Ansatz zielt darauf ab, eine Auswahl von Möglichkeiten mit dem Klienten zusammen zu erarbeiten und ihn dann zu fragen, an welcher er weiter arbeiten möchte.

In dieser Phase ist die Quantität der Möglichkeiten wichtiger als die Qualität. Der »geistige Prozess« des Sammelns aller dieser Möglichkeiten ist genauso wertvoll wie die Möglichkeiten selbst. Auch Optionen, die auf den ersten Blick lächerlich oder auch schädlich wirken, müssen erwähnt werden, sodass potenziell wertvolle Beiträge nicht verloren gehen. Wenn der Klient oder der Therapeut beginnen, Folgendes zu sagen:

▶ »Das kann man nicht machen«,
▶ »Das funktioniert nie«,

stellen Sie *Was wäre, wenn …?*-Fragen:

▶ *Was wäre, wenn* für den Transport gesorgt wäre?
▶ *Was wäre, wenn* dir jemand helfen würde?
▶ *Was wäre, wenn* es doch zu schaffen wäre?

Je mehr kreative Ideen zur Erreichung eines Ziels entwickelt werden, desto eher können Lösungen gefunden oder andere Möglichkeiten entwickelt werden.

Sobald der Klient selbst alle Möglichkeiten ausgeschöpft hat und nach weiteren Ideen fragt, kann es hilfreich für den Therapeuten sein, eine Reihe von weiteren passenden Möglichkeiten so anzubieten, dass der Klient diese auch nachvollziehen kann.

Einen Plan ausarbeiten – Möglichkeiten

Was kann ich tun?

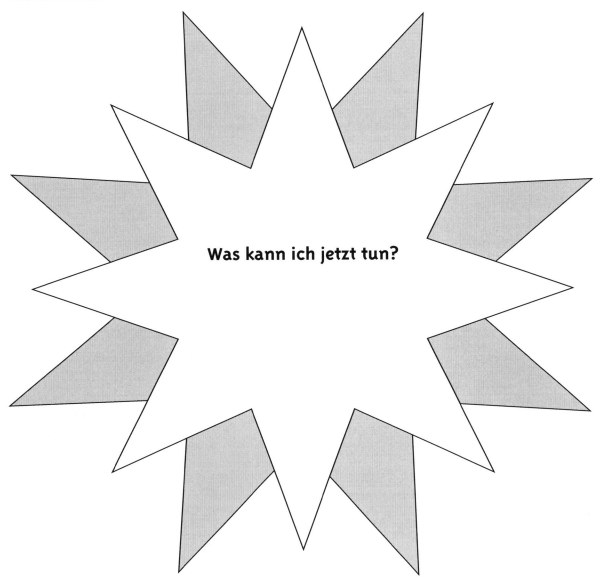

Was kann ich jetzt tun?

Eine Möglichkeit auswählen

▶ Wenn so viele Möglichkeiten wie möglich aufgeführt wurden, engen Sie die Zahl der Möglichkeiten auf zwei bis drei ein.

▶ Die Verantwortung für die Auswahl muss beim Klienten liegen. Es muss seine eigene Entscheidung sein, damit er nicht am Ende den Therapeuten beschuldigt, wenn etwas einmal nicht funktioniert.

▶ Was für Sie als beste Möglichkeit erscheint, muss so nicht für jemand anders gelten.

▶ Sind die Möglichkeiten eingegrenzt, ermutigen Sie den Klienten zu äußern, wie er diesen Optionen gefühlsmäßig gegenübersteht und welche eher sachlichen Vor- und Nachteile er sieht.

▶ Manchmal kann eine Anpassung der Entscheidungswaage (Motivationswaage) hilfreich sein, wenn es bei den Vorteilen zweier Möglichkeiten zu einem Dilemma kommt.

▶ Manchmal erscheint es sinnvoll, mehr als eine Möglichkeit auf einmal zu verfolgen.

AB 56 /

Einen Plan ausarbeiten: Soll ich das oder das tun?

Kopieren Sie dieses Arbeitsblatt mehrmals, um verschiedene Möglichkeiten zu prüfen.

Möglichkeit

Ich könnte …

Gründe dagegen:	**Gründe dafür:**

Kleinere Schritte festlegen

> Es ist besser, viele kleine Schritte in die richtige Richtung zu machen als einen großen Sprung vorwärts, um dann wieder rückwärts zu stolpern.
>
> Chinesisches Sprichwort

Wenn eine Möglichkeit ausgewählt wurde, kann es hilfreich sein, erst einmal kleinere Schritte festzulegen, um das Ziel zu erreichen. Die Motivierende Gesprächsführung hilft dem Klienten dabei, diese Schritte für sich selbst zu finden und zu überlegen, inwiefern er jeden dieser Schritte umsetzen *will, kann* und *wird*. Setzen Sie die folgenden Arbeitsblätter ein, um diesen Prozess zu begleiten.

AB 57 /

Einen Plan ausarbeiten: Erste Schritte

1 — Benennen Sie drei Schritte in Richtung einer Veränderung, die Sie wirklich machen *wollen* und erreichen *können*.

2 — Bewerten Sie nun, wie zuversichtlich Sie sind, dass Sie diesen Schritt machen *werden* (1 – 10).

3 — Ändern Sie Ihre Planung über die einzelnen Schritte, wenn Ihre Wertung unter 8 liegt.

4 — Schreiben Sie den Zeitpunkt dazu, an dem Sie diesen Schritt tun werden.

Ich werde nicht …   Vielleicht werde ich …   Ich werde …

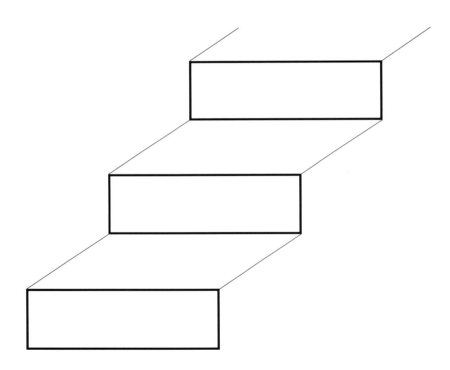

AB 58 /

Einen Plan ausarbeiten: Ausführung

1 — Wem werde ich von meinem Plan erzählen?

----

2 — Wann und wie werde ich meine Fortschritte dokumentieren?

----

3 — Was tue ich, wenn ich Fehler mache, und wer wird mir helfen?

----

4 — Was werde ich tun, denken und fühlen, wenn ich mich verändert habe?

14.4 Die Entscheidung zur Veränderung zusammenfassen

Wenn die endgültige Entscheidung gefallen ist, ist es sinnvoll, diese der Vereinbarung, die Sie mit dem Klienten am Anfang der Therapie oder Beratung geschlossen haben, hinzuzufügen. Es ist außerdem wichtig, das Gespräch auf eine optimistische Art und Weise und mit Commitment-Talk des Klienten zu beenden. Statt also zu fragen, »Sind Sie mit dem geplanten Vorgehen einverstanden?«, was nur zu einem bloßen »Ja« des Klienten führt, ist es hilfreich, in den letzten Minuten einer Sitzung einige zentrale Fragen zu stellen, um selbstmotivierende Aussagen bezüglich einer Veränderung auszuarbeiten wie z. B.:

▶ Was haben Sie entschieden, nun zu tun?

▶ Wie wird sich Ihr Leben verbessern, wenn Sie sich verändern?

▶ Wie wollen Sie sicherstellen, dass Sie es auch angehen?

Die letzte Frage führt Sie zu dem Ergebnis, wie Sie jemanden, der beschlossen hat, sich zu ändern, unterstützen können. Dies wird in Kapitel 15 untersucht.

> Ob man nun glaubt, dass man es tun wird oder nicht glaubt, dass man es tun wird – man wird am Ende wahrscheinlich Recht behalten.

KAPITEL 15 /

Die Veränderung unterstützen

»Auch eine Reise von 1000 Meilen beginnt mit einem einzigen Schritt.«
Lao-Tzu, chinesischer Philosoph (604–531 v.Chr.)

Ich will ...   Ich kann ...   Ich werde ...

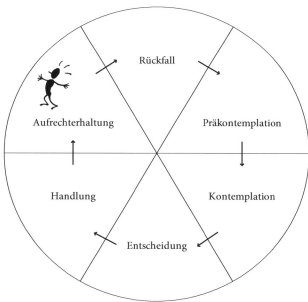

Kapitel 15 untersucht, wie Motivationsfähigkeiten in Verbindung mit anderen Fähigkeiten eingesetzt werden können, wenn einmal die Entscheidung für eine Veränderung getroffen wurde. In den Phasen der Handlung und der Aufrechterhaltung ist es wichtig darauf zu achten, wie sich Vertrauen und Kompetenz für die Veränderung entwickeln, sodass Sie nicht nur »Ich möchte es ändern«, sondern auch »Ich kann mich ändern«, »Ich werde mich ändern«, »Ich weiß, wie ich mich ändere«, »Ich bin dabei, mich zu ändern« und »Ich habe mich verändert« hören.

15.1 Vertrauen in die Veränderung entwickeln statt nur beim Wunsch zur Veränderung bleiben

Miller und Rollnick (2002) vergleichen die Handlungsphase mit einer Pisten-Abfahrt in Richtung Veränderung. Der schwierige Aufstieg auf den Berg der Veränderung hat stattgefunden und alles, was bleibt, ist, die Abfahrt bis zum Tal herunterzufahren. Für jemanden, der noch nie Ski gefahren ist, kann die Vorstellung einer solchen Bergabfahrt beängstigend sein. Es ist nicht ungewöhnlich, dass Menschen, die »süchtig« nach einem bestimmten Verhalten waren, die Veränderung als das Schwierigste beschreiben, was sie je in ihrem Leben getan haben.

Ein Skianfänger auf einer Piste muss sich nicht mehr darauf konzentrieren, den Wunsch zu haben, das Tal zu erreichen; dies kann sogar kontraproduktiv sein. Vielmehr benötigt er Hilfe von jemandem, der sich mit seiner aktuellen Situation auskennt und die notwendigen Kenntnisse hat, der den Weg nach unten kennt und Feedback zu den Fortschritten geben kann.

Der Aufbau von Vertrauen und die Entwicklung neuer Fähigkeiten setzen die gleichen Grundprinzipien wie die Entwicklung der Veränderungsmotivation voraus: Mitgefühl, Vermeidung von Streit, Hervorhebung der Diskrepanzen oder Widersprüchen, Aufbau von Eigenverantwortung.

Diskrepanzen hervorheben

Wenn ein Skianfänger befürchtet, sich nicht verändern zu können, und dies auch äußert, wird der motivierende Skilehrer zwei Dinge tun: dem Skianfänger versichern, dass er es schafft und die Widersprüche in den Überzeugungen hervorheben, die für den Skianfänger die Hindernisse für eine Veränderung darstellen.

Skianfänger:	Ich kann das nicht.
Skilehrer:	Was ist Ihre größte Angst?
Skianfänger:	Dass ich vergesse, wie man bremst.
Skilehrer:	Zeigen Sie mir noch einmal, was Sie tun können, um zu bremsen.

Der Skilehrer beobachtet, bestätigt und gibt Feedback.

Wenn Sie sich sicher fühlen würden, mit welchem Hang würden Sie gerne anfangen?

Empathie

Was bei dem einen funktioniert, muss nicht genauso bei jemand anderem funktionieren. So wie der motivierende Skilehrer andauernd versuchen wird, die verschiedenen Ängste, Erfahrungen und Stärken jedes Skianfängers zu verstehen, wird der Therapeut ständig bemüht sein, jeden einzelnen Klienten zu verstehen. Die motivierenden Fertigkeiten Zuhören und Beobachten, das Stellen offener

Fragen und das zusammenfassende Verstehen sind wichtig, um Empathie zu entwickeln und auf die individuellen Bedürfnisse reagieren zu können.

Auseinandersetzungen vermeiden

Das Beibringen neuer Verhaltensweisen und Hinweise, wie man etwas verändern kann, können in der Handlungsphase gut funktionieren. Der Skianfänger zum Beispiel möchte ganz genau wissen, was er tun soll. Hören Sie allerdings Widerstände oder Gründe, die Ratschläge nicht anzunehmen, heraus, ist dies ein Anzeichen dafür, den Kurs wieder zu ändern. Konzentrieren Sie sich mehr darauf, den Ängsten und Befürchtungen des Klienten zuzuhören, schaffen Sie Vertrauen und bieten Sie verschiedene Vorgehensweisen zur Auswahl an, anstatt sofort Lösungen vorzugeben.

Selbstvertrauen und Eigenverantwortlichkeit unterstützen

Vertrauen in die Veränderung, der Glaube an sich selbst und die neu erworbenen Fähigkeiten sind der Schlüssel, um das »Tal« zu erreichen und den Kreislauf der Veränderung vollständig zu verlassen. Nutzen Sie AB 59 zur Reflexion und planen Sie, wie Sie Ihr eigenes Vorgehen in Zukunft gestalten möchten.

AB 59 /

Die ersten Schritte in Richtung Veränderung unterstützen

Denken Sie an einen Ihrer Klienten, der momentan ein feststehendes Verhaltensmuster verändern will. Welche der folgenden Aussagen passen zu Ihrer gemeinsamen Arbeit?

☐ Ich biete häufigen Kontakt und Unterstützung, vor allem am Anfang.

☐ Die Empathie und den Rapport, die ich zu dem Klienten aufgebaut habe, basieren auf der Ansprache verschiedener Bedürfnisse.

☐ Ich helfe dem Klienten, seine Ziele in kleinere Schritte aufzuteilen.

☐ Ich stelle Fragen wie »Was werden Sie heute / nächste Woche erreichen?«.

☐ Ich helfe dem Klienten, sich den Fortschritt jedes einzelnen Schrittes vor Augen zu führen, indem ich ihn zum Beispiel frage: Was werden Sie sehen, hören, denken, fühlen, wenn Sie Ihr Ziel erreicht haben?

☐ Ich helfe dem Klienten, visuelle Erinnerungen an die Erreichung seiner bisherigen Ziele zu finden, wie zum Beispiel ein Bild des Zieles, eine Wandkarte der nötigen Schritte, Fotos von ihm bei der Erreichung eines Schrittes.

☐ Ich helfe dem Klienten, Erfolge auch zu feiern.

☐ Ich helfe dem Klienten, Fehlschläge als Erfahrungen zu sehen, aus denen man lernen kann.

☐ Ich frage, »Wer kann Ihnen am ehesten helfen?« und finde heraus, wie die genannten Personen in die Therapie / Beratung einbezogen werden können.

☐ Ich entlocke dem Klienten selbstmotivierende Aussagen (Change-Talk), die ihm helfen, »Ich kann nicht« in »Ich kann«, »Ich versuche« in »Ich werde« und »Ich habe versagt« in »Ich lerne« zu verändern.

☐ Ich helfe dem Klienten, riskante Situationen zu erkennen und darauf vorbereitet zu sein.

☐ Ich glaube daran, dass der Klient sich verändern kann.

15.2 Zusätzliche Fähigkeiten und Ansätze integrieren

Einige Veränderungen erfordern einen grundsätzlichen Wechsel des Lebensstils und Verhaltens. Jemand, der bereits in jungen Jahren übermäßig Alkohol oder Drogen konsumiert hat, hat vielleicht niemals die Erfahrung eines erwachsenen Lebens ohne die Unterstützung von Drogen gemacht. Jemand, der gelernt hat zu glauben, dass Essen hässlich machen wird, hat vielleicht nie gelernt, wie man Essen auf eine gesunde Art und Weise vorbereitet, genießt und isst. In solchen Fällen können Techniken der Kognitiven Verhaltenstherapie, das Modelllernen, das Beibringen neuer Verhaltensweisen und das Geben motivierenden Feedbacks hilfreich sein (Bandura, 1965).

Ein gutes Vorbild sein

Einige der Menschen, mit denen Sie arbeiten, haben vielleicht noch nie jemanden gesehen, der genau das Verhalten an den Tag legt, das auch sie gerne annehmen möchten. Der Skianfänger wird wahrscheinlich mehr von der genauen Beobachtung eines erfahrenen Skifahrers profitieren als allein durch verbale Anleitung. Durch die Demonstration des gewünschten Verhaltens in Ihren alltäglichen Aktionen können Sie ein gutes Vorbild sein. Als Vorbild müssen Sie darauf achten, dass die verschiedenen Verhaltensweisen auch zu der Rolle passen, die Sie angenommen haben.

▶ Im *Gesundheitsbereich* wird ein gutes Vorbild auf die eigene Gesundheit achten. Dort, wo Patienten gebeten werden, nicht zu rauchen, sollte es auch keine rauchenden Mitarbeiter geben; wo von Patienten erwartet wird, gesund zu essen, sollten auch die Mitarbeiter gesund essen; wo Patienten auf ihre Hygiene achten müssen, sollten auch die Mitarbeiter eine gute Körperpflege demonstrieren; wo von Patienten erwartet wird, ihren Alkohol- oder Drogenkonsum unter Kontrolle zu haben, sollten auch die Mitarbeiter nichts dergleichen konsumieren.
▶ Im *Strafrechtssystem* sollte ein Vorbild Ehrlichkeit, Selbstdisziplin, Zuverlässigkeit und Höflichkeit zeigen.
▶ Im *Bildungssektor* sollte das Vorbild bereit sein, selbst zu lernen und Dinge weiter zu untersuchen.
▶ In der *Sozialarbeit* sollte ein Vorbild Eigenverantwortung, Mitgefühl für andere und gute Fähigkeiten zur Problemlösung an den Tag legen.
▶ In der *Jugendarbeit* sollte ein Vorbild die Fähigkeit, sich an der Verantwortlichkeit zu erfreuen und aus Fehlern zu lernen sowie Selbstbeherrschung zeigen.

In Kapitel 3 haben wir untersucht, wie effektiv Lernen sein kann, wenn alle Aspekte des erfahrungsbasierten Lernzyklus nach Kolb (1984) einbezogen werden. Lernen scheint am effektivsten zu sein, wenn der Lernende
▶ das gewünschte Verhalten bei anderen beobachten kann,
▶ die wichtigsten Punkte seiner Beobachtung erkennen kann,
▶ planen kann, wie er diese Punkte in sein Verhalten übernehmen könnte,
▶ das neue Verhalten üben kann,
▶ den Kreislauf neu beginnen kann, wenn er reflektiert, was gut funktioniert hat und was anders gemacht werden sollte.

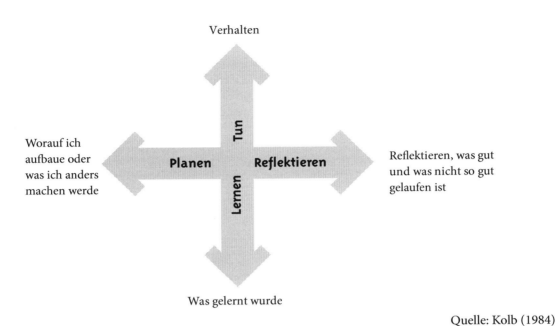

Verhalten

Tun

Worauf ich
aufbaue oder
was ich anders
machen werde

Planen   Reflektieren

Lernen

Reflektieren, was gut
und was nicht so gut
gelaufen ist

Was gelernt wurde

Quelle: Kolb (1984)

Modelllernen beinhaltet alle Aspekte des erfahrungsbasierten Lernzyklus nach Kolb und schließt die Lücke zwischen dem Verständnis eines Klienten über das, was geändert werden muss und seinen Fähigkeiten, dieses auch zu tun. Tabelle 15.1 basiert auf den Phasen des Lernens am Modell, wie sie von Brian Sheldon (1995) ausgearbeitet wurden. Sie zeigt, wie die Motivierende Gesprächsführung diese Vorgehensweise als Teil der Kognitiven Verhaltenstherapie unterstützen kann. Die Kombination ist vor allem hilfreich in der Handlungs- und Aufrechterhaltungsphase einer Veränderung. Sie kann sowohl in der Einzeltherapie/-beratung als auch als Teil eines Gruppenprogramms eingesetzt werden.

Tabelle 15.1 Der Lernzyklus und die Motivierende Gesprächsführung

Lernen am Modell (Aufgaben für Klienten)	Zentrale motivierende Fragen und Zusammenfassungen (Aufgaben für Therapeuten)
Lernen ▶ das Problem erkennen und das zu verändernde Verhalten bestimmen	Sprechen Sie das Problem noch einmal an und fassen Sie die Verhaltensweisen zusammen, die der Klient ändern möchte.
▶ das (geplante) Verhalten in kleinstmögliche Stücke aufteilen	▶ »Was genau muss gegeben sein, um diese Schritte zu bewältigen?« ▶ »Was wird gesagt, wenn Sie diese bewältigt haben?« ▶ Wie ist die Stimmlage? ▶ »Wie stehen Sie, gehen Sie …?« ▶ »Was ist der Gedanke hinter jeder Handlung?«

Planen ▶ einen Weg finden, die jeweiligen Aufgaben abzuschließen ▶ die wichtigsten Schritte ermitteln	»Eine Möglichkeit wäre es, dass ich Ihnen zunächst zeige, wie man es machen kann und danach Sie an der Reihe sind. Was halten Sie davon?« Bereiten Sie eine Demonstration (des geplanten Verhaltens) vor und fordern Sie den Klienten auf, das gezeigte Verhalten in die wichtigsten Schritte einzuteilen. Planen Sie, wie man diese Schritte erproben kann.
Tun ▶ das geplante Verhalten in einer vereinfachten Ausführung in einer sicheren Umgebung ausprobieren	Hören Sie zu, beobachten Sie das Verhalten, die Körpersprache und die Stimmlage.
Reflektieren ▶ die Erprobung des Verhaltens noch einmal besprechen	▶ »Was war gut?« ▶ »Was war weniger gut?« Melden Sie zurück, was Sie noch gesehen und gehört haben. ▶ »Ich habe außerdem bemerkt …«
Lernen ▶ die wichtigsten Lernpunkte betrachten, die daraus gelernt wurden	▶ »Was haben Sie gelernt?« Spiegeln und unterstützen Sie jede selbstmotivierende Aussage; machen Sie aus den negativ bewerteten Bereichen solche, aus denen gelernt werden kann.
Planen ▶ planen, wie man mit komplexeren Situationen, Rückfällen und individuellen Unterschieden umgehen kann	▶ »Welche Situation finden Sie schwieriger?« ▶ »Möchten Sie, dass ich etwas Bestimmtes in eine weitere Demonstration möglicher Handlungsweisen einbeziehe?« ▶ »Wem sonst könnten Sie noch zusehen?«
Tun, reflektieren, lernen, planen ▶ Gelerntes allmählich mit immer weiter reduzierter Verstärkung in die Praxis umsetzen, zentrale Lernpunkte erkennen und ausarbeiten, sich mehr Eigenverantwortlichkeit und Glauben an sich selbst vornehmen	Wiederholen Sie die bisherigen Phasen und übertragen Sie diese auf komplexere Situationen. Unterstützen Sie Selbstvertrauen und Eigenverantwortlichkeit, um es allmählich mit immer weiter abnehmender Unterstützung von Ihrer Seite in die Praxis umzusetzen. ▶ »Wann wollen Sie es allein probieren?« ▶ »Warum denken Sie, dass Sie es schaffen können?«

15.3 Motivierendes Feedback

Feedback über Fortschritte ist unbedingt notwendig, um Veränderung zu unterstützen. Ziel ist es, Feedback bei der ersten Gelegenheit in einem sicheren Umfeld zu geben, wenn die Erfahrung des Klienten noch nicht lange zurückliegt.

Um motivierendes Feedback zu geben, können Sie wiederum die zentralen Fertigkeiten der Motivierenden Gesprächsführung nutzen.

▶ **Bestätigen.** Den Schwerpunkt eher auf Positives als auf Negatives legen.
▶ **Zuhören.** Den Erfahrungen und Ansichten des Klienten zuhören, bevor Sie eigene Beobachtungen und Ansichten äußern.
▶ **Offene Fragen.** Arbeiten Sie Kommentare und Feedbacks des Klienten heraus, die sich auf den erfahrungsbasierten Lernzyklus beziehen.
▶ **Zusammenfassen.** Fassen Sie zusammen, was Sie gesehen und gehört haben.
▶ **Change-Talk hervorrufen.** Unterstützen Sie selbstmotivierende Aussagen und den Glauben an die Veränderung.

Motivierendes Feedback geht immer von zwei Seiten aus, von Klient und Therapeut, im Gegensatz zu einem eher konfrontativen Stil, der alles aus der Perspektive der Kritik sieht.

Das Johari-Fenster (Luft, 1970) kann als hilfreiches theoretisches Rahmenwerk für ein motivierendes Feedback gesehen werden.

Das Johari- Fenster

	einem selbst bekannt	einem selbst unbekannt
anderen bekannt	Dinge, die mir und den anderen bekannt sind (etwa wie groß man ist)	Dinge, die andere wissen, man selbst aber nicht (etwa, dass man als freundlich gilt)
anderen unbekannt	Dinge, die man selbst weiß, aber andere nicht (etwa, dass man Spinnen mag)	Dinge, die weder man selbst noch andere wissen (etwa, dass man Legastheniker ist)

Für den Skianfänger könnte ein Johari-Fenster etwa folgendermaßen aussehen:

	einem selbst bekannt	einem selbst unbekannt
anderen bekannt		
anderen unbekannt	▶ Ich habe Angst, die Kontrolle über die Ski zu verlieren. ▶ Ich kann die Anleitung nicht ohne Brille lesen. ▶ Mein linker Fuß tut weh.	

Der motivierende Skilehrer wird so viele dieser Informationen wie möglich herausarbeiten, um eine eigene Einschätzung vom Verhalten des Skianfängers zu erhalten. Ohne dieses Wissen kann das Geben von Feedback unproduktiv sein.

Es können auch Aspekte im Verhalten des Skianfängers vorhanden sein, die ihm selbst nicht bewusst sind, die aber der Lehrer beobachten oder hören kann. Nur wenigen von uns ist bewusst, was genau wir durch unsere Körpersprache ausdrücken. Das folgende Johari-Fenster zeigt ein Beispiel dafür, was der Skilehrer beobachtet haben könnte.

	einem selbst bekannt	einem selbst unbekannt
anderen bekannt		▶ Die Fähigkeiten zum schnellen Bremsen am Hang sollten verbessert werden. ▶ Der rechte Fuß arbeitet besser als der linke.
anderen unbekannt		▶ Der linke Stiefel ist zu eng.

Es bleiben immer einige Aspekte des Verhaltens übrig, die für alle unbekannt bleiben. Im Falle unseres Skianfängers ist dies vielleicht die Tatsache, dass der linke Stiefel zu eng ist. Das kann nur entdeckt werden, wenn beide Parteien ihr Wissen teilen. In Ihrer Therapie oder Beratung könnte es möglich sein, mehr dieser versteckten Informationen aufzudecken, wenn Sie Videoaufzeichnungen der Sitzungen machen oder durch entsprechende Fragen die Exploration des eigenen Selbst anspornen.

Das Ziel motivierender Arbeit ist es, das Fenster des Wissens, das für den Klienten sichtbar ist, zu erweitern, um ihn zur Änderung motivieren zu können.

	einem selbst bekannt	einem selbst unbekannt
anderen bekannt	▶ Ich habe Angst, die Kontrolle über die Ski zu verlieren ▶ Ich kann die Anleitung nicht ohne Brille lesen. ▶ Mein linker Fuß tut weh. ▶ Mein linker Stiefel ist zu klein. ▶ Ich muss mehr auf die Abfahrt achten. ▶ Ich habe das schnelle Bremsen am Hang gesehen und geübt.	
anderen unbekannt		

AB 60 /

Gemeinsames Feedback

Schreiben Sie Ihre Gedanken über die Veränderung auf und beziehen Sie das Feedback von anderen ein.

	einem selbst bekannt	einem selbst unbekannt
anderen bekannt		
anderen unbekannt		

Reflektieren Sie die Gelegenheiten, in denen Sie einem Klienten Feedback geben. Stellen Sie sich anschließend die unten aufgeführten Fragen.

Was war hilfreich in Bezug auf die Zeit und den Ort, an dem ich das Feedback gegeben habe?

Wie kann ich das beim nächsten Mal verbessern?

Was hat gut funktioniert, um eine Selbsteinschätzung des Klienten zu bekommen?

Wie kann ich dieses Vorgehen noch verbessern?

Wie habe ich dem Klienten geholfen, mehr über sein eigenes Verhalten zu erfahren?

Was hätte ich tun können, damit er noch mehr über sein eigenes Verhalten erfahren hätte?

In welchem Maße fühlte sich der Klient in der Lage und war auch bereit, über Alternativen nachzudenken oder positives Verhalten zu wiederholen?

0	1	2	3	4	5	6	7	8	9	10

nicht
bereit

bereit

Welche selbstmotivierenden Aussagen machte der Klient?

Wie habe ich ihm mit meinem Feedback dabei geholfen, diese zu machen?

Was kann ich nächstes Mal noch tun?

15.4 Rückfall oder Genesung

Die Phasen der Handlung und Aufrechterhaltung der Veränderung können sich über mehrere Wochen, Monate oder länger hinziehen. Wiederholte Rückfälle und mehrfaches Durchlaufen des Kreislaufs der Veränderung sind in dieser Zeit nicht ungewöhnlich. Rückfälle sind kein Scheitern: Sie sind eine Möglichkeit, zu lernen und das Commitment zur Veränderung auf Seiten des Klienten zu erhöhen. Die meisten Menschen, die ihr Leben erfolgreich verändert haben, haben bereits Erfahrungen mit Rückfällen gemacht.

Zusammenfassung

Geduld und eine Rückkehr zur früheren Phase des Aufbaus von Veränderungsmotivation und Vertrauen in die eigenen Fähigkeiten sind bereits ein Schritt nach vorn. Die Erfahrungen, die der Klient zu Beginn seiner Veränderung gemacht hat, können zur Stärkung der Überzeugung, des Selbstvertrauens und des Commitments im gesamten Veränderungsprozess genutzt werden.
Wo die Aufrechterhaltung der neuen Verhaltensweise erfolgreich ist, denken einige Klienten nur selten an ihr früheres Verhalten. Anderen wird die signifikante Veränderung in ihrem Leben immer bewusst sein und sie bemerken, wie diese ihre Lebensqualität verbessert hat.
Ein neuer Lebensstil ist durch das veränderte Verhalten entstanden. Die Klienten sind mit ihrem neuen Verhalten zufrieden und denken nicht daran, es wieder zu ändern. Sie befinden sich sozusagen mit ihrem neuen Verhalten wieder in der Präkontemplationsphase. Sie brauchen sich nicht ständig sagen, »Ich möchte …«, »Ich kann …« oder »Ich werde mich verändern«. Stattdessen sagen sie: »Ich habe mich verändert.«

> »Erfolg ist die Summe kleiner Anstrengungen, die man jeden Tag aufs Neue tut.«
>
> Robert Collier

KAPITEL 16 /

Alles zusammenfügen: Fertigkeiten weiterentwickeln

16.1 Eine Übersicht über das Modell

Kapitel 3 bis 15 beschreiben die Fähigkeiten und Strategien, die essentiell für die Motivierende Gesprächsführung sind. Das Wissen darüber, wo man mit motivierender Arbeit anfängt und was der nächste Schritt sein wird, ist ziemlich wichtig. Was Sie dann tatsächlich tun, ist immer eine Reaktion auf die besonderen Umstände, in denen sich die Person, mit der Sie gerade arbeiten, befindet. Darum kann man keine bestimmte Struktur für motivierende Arbeit vorschreiben, die für jeden passt. Dennoch gibt es eine allgemeine Zielsetzung für den Ansatz, wie in Kapitel 1 dargestellt. Es kann daher nützlich sein, noch einmal zu Kapitel 1 zu gehen, um ein neues Gefühl dafür zu bekommen, wie die einzelnen Fertigkeiten zusammenhängen, die eine Veränderung unterstützen.

Die Arbeitsblätter 15 und 16 in Kapitel 6, die sich mit dem Kreislauf der Veränderung beschäftigen, bieten für den Therapeuten oder Berater eine nützliche Orientierungshilfe über die Fertigkeiten, die in jeder Phase gebraucht werden. Die Arbeitsblätter in diesem Kapitel geben außerdem eine Übersicht, wie man die Motivierende Gesprächsführung in der Einzelberatung oder -therapie einsetzen kann. Das Gefühl für das vollständige Modell und die allgemeinen Zielsetzungen hilft Ihnen bei den Entscheidungen, die Sie als Therapeut treffen müssen. Es unterstützt außerdem dabei, stets vor Augen zu haben, welche Ziele Sie für den Klienten und für die Institution, für die Sie vielleicht arbeiten, verfolgen.

Im Folgenden finden Sie eine vereinfachte Gedächtnisstütze zu den Elementen, aus denen die Motivierende Gesprächsführung besteht. In der Praxis kann die Bewegung zwischen den einzelnen Stufen in beliebiger Reihenfolge stattfinden, auch einige Wiederholungen sind möglich.

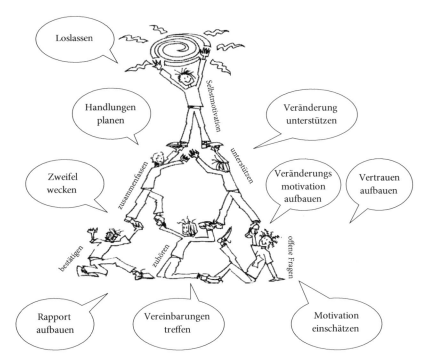

Am Ende dieses Kapitels finden Sie noch einmal eine Übersicht über die Motivationsarbeit, dieses Mal als Tanz dargestellt.

Das Entwickeln Ihrer Motivationsfähigkeiten ist ein lebenslanges Unternehmen und dieses Kapitel schlägt Ihnen für diese Arbeit einige »Werkzeuge« vor, die Sie einsetzen können. Als erstes können Sie sich am »Peer-Coaching« versuchen, indem Sie die Fertigkeiten an Ihren Kollegen erproben und sich darüber austauschen. Danach können Sie untersuchen, wie andere Mitarbeiter in Ihrer Institution, Organisation oder Praxis zu einer motivierenden Grundhaltung beitragen können.

16.2 Peer-Coaching

»Üben in einer sicheren Umgebung« bedeutet, dass Sie nicht perfekt sein oder auch nur eine gute Darstellung zeigen müssen, um zu lernen. Sie können aus Ihren Fehlern und den Fehlern anderer lernen, vor allem wenn Sie die Möglichkeit haben, zwischendrin innezuhalten und einen anderen Weg einzuschlagen und so ein anderes Ergebnis beobachten können. Ebenso wichtig ist es, dass Sie sehen, was gut funktioniert hat, und diese Fähigkeiten in Ihrer Arbeit einsetzen.

In Kapitel 3 sprachen wir von dem erfahrungsbasierten Lernzyklus nach Kolb und wie wir durch die Reflexion von Erlebtem lernen. Der im Folgenden dargestellte Kreislauf des »Fertigkeiten-Coachings« wurde von den Autoren nach Kolbs Modell aufgebaut und in vielen Trainingseinheiten ausprobiert. Eine Peer-Coaching-Übung, die das Modell einsetzt, ist auf Arbeitsblatt 62 beschrieben.

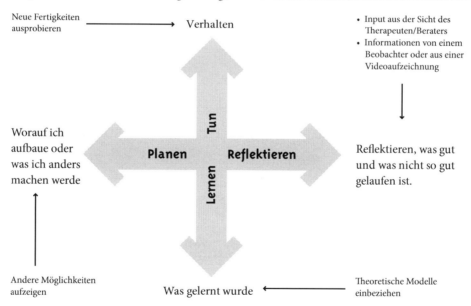

Kreislauf des »Fertigkeiten-Coachings« (Skills Coaching Cycle, Taylor & Fuller, 2004)

In einer Supervision oder Teambesprechung können ähnliche Lernmöglichkeiten eingeführt werden. Setzen Sie, wo immer es möglich ist, »echte« Materialien aus Beobachtungen oder Videoaufzeichnungen ein. Aus den Dingen zu lernen, die gut funktioniert haben und solchen, die besser anders gemacht werden sollten, ist einer der besten Wege, um Fertigkeiten jeder Art weiterzuentwickeln. Die Übungen auf den folgenden Arbeitsblättern sind ideal zur Erprobung in kleinen Gruppen von Kollegen, die ebenfalls Ihre Motivationsfertigkeiten verbessern wollen.

Diese Übung ist geeignet für Gruppen von drei bis acht Personen.

Was Sie dafür brauchen:
▶ Privater, ruhiger Raum, ohne Störungen und mit genügend Platz
▶ Gleich große Stühle für jeden Teilnehmer
▶ Videokamera und Tonband, Bildschirm zur Vorführung der Videos
▶ Beobachtungsleitfaden (s. u.)
▶ Stifte
▶ Beispiele für Situationen, Szenarien zur Probe (s. AB 65), oder bitten Sie die Teilnehmer, eigenes Material mitzubringen.

Peer-Coaching

(1) **Stellen Sie die Videokamera** mit Blick auf zwei Stühle in der Mitte des Raumes auf. Die anderen Stühle stehen im Kreis darum.

(2) **Vergeben Sie Rollen**
  ▶ Coach / Gesprächsführer der Sitzung
  ▶ Therapeut / Berater
  ▶ Klient / Patient
  ▶ Beobachter (bei mehr als drei Teilnehmern)
  Die Rollen werden nach jeder Probe-Coachingsitzung getauscht.

(3) **Stimmen Sie ein Zeitfenster ab**, das jedem Teilnehmer für das Gespräch und das Feedback zur Verfügung stehen. Streben Sie etwa 30 bis 45 Minuten an, 20 Minuten sind das absolute Minimum.

(4) **Geben Sie allen Teilnehmern einen Beobachtungsleitfaden**, um die Ergebnisse des Feedbacks zu notieren (s. a. AB 63 und 64).

(5) **Wählen Sie ein Beratungsgespräch oder eine Therapiesituation für die Probe aus.** Beispiele für mögliche Situationen finden Sie im folgenden Kasten dargestellt. Andere mögliche Szenarien werden auf AB 65 vorgeschlagen. Sie können, wenn Sie es möchten, nacheinander alle aufgeführten Schritte durchlaufen oder einen Schwerpunkt auf das legen, von dem die Gruppe Ihrer Meinung nach am ehesten profitiert.

(1) Vereinbarungen treffen
(2) Rapport aufbauen
(3) Zweifel wecken
(4) Motivationswaage erstellen
(5) Veränderungsmotivation aufbauen
(6) Vertrauen in die Veränderung aufbauen
(7) Handlungen planen
(8) Veränderungen unterstützen
(9) Loslassen

(6) Stellen Sie die Videokamera an und simulieren Sie eine Gesprächssituation. Der Coach stoppt das Interview möglichst immer dann, wenn eine selbstmotivierende Aussage (Change-Talk) gemacht wurde.

(7) Der Coach regt zur Rückschau und zum motivierenden Feedback an

▶ Derjenige, der den Therapeuten / Berater mimt, dann derjenige in der Rolle des Klienten / Patienten und schließlich die Beobachter werden aufgefordert, darüber zu reflektieren: »Was ist gut gelaufen?« »Was hat weniger gut funktioniert?«

▶ Das Feedback zielt darauf ab, bestimmte Verhaltensweisen und die Auswirkungen dieses Verhaltens zu beschreiben – dabei kann nach den Grundlagen des Beobachtungsleitfadens vorgegangen werden (AB 63, s. außerdem Kap. 15 zur Diskussion über ein effektives Feedback).

▶ Der Coach trägt sein eigenes Feedback bei und zeigt Ausschnitte aus dem Video.

(8) Der Teilnehmer in der Rolle des Therapeuten / Beraters wird gefragt, was er gelernt hat und wie er seine Fertigkeiten in Zukunft entwickeln wird

▶ »Was haben Sie gelernt?« »Was planen Sie, in Zukunft anders zu machen?«

▶ Einige Teilnehmer profitieren von der Möglichkeit, ein oder zwei Teile des Gesprächs noch einmal mit einem anderen Vorgehen durchzuführen und das unterschiedliche Ergebnis zu sehen.

▶ Danken Sie den Teilnehmern, die sich in die Rollen des Therapeuten / Beraters und des Klienten / Patienten versetzt haben, dafür, der restlichen Gruppe eine Gelegenheit zum Lernen gegeben zu haben.

Was man aus dieser Übung lernen kann

▶ Viele Teilnehmer sagen, dass ihnen diese Sitzung dabei hilft zu erkennen, wie die verschiedenen Fertigkeiten der Motivierenden Gesprächsführung zusammen ein Instrument ergeben, mit dem man in der Therapie und Beratung arbeiten kann.

▶ Einige Teilnehmer können möglicherweise den Fokus nur auf einige Grundfähigkeiten wie das reflektierende Zuhören legen. Es ist auf jeden Fall sinnvoller, einen einzigen Aspekt richtig zu beherrschen als viele Fähigkeiten lediglich zu streifen. Für Personen, auf die dies zutrifft, kann dieser Band der Therapie-Tools-Reihe nützlich sein, um in ihrem Alltag verschiedene Übungen durchzuführen und so auch praktische Erfahrungen der anderen Aspekte zu bekommen. Andere werden feststellen, dass diese irgendwann ganz von selbst kommen.

▶ Die hier aufgeführten Fertigkeiten sind alle zu erlernen. Jene Teilnehmer, die über ein natürliches Gespür für die Motivierende Gesprächsführung verfügen, werden vielleicht auf früheren Erfahrungen aufbauen können, durch die sie manche Fertigkeiten bereits erlernt haben. Die Teilnehmer, denen die »flüssige« Verwendung der Fertigkeiten nicht so leichtfällt, benötigen lediglich mehr Gelegenheiten zur Übung, Beobachtung und Feedback.

▶ Ausschlaggebend ist, dass jeder Teilnehmer sich bestätigt fühlt und positiv über das Gelernte empfindet. Auch wenn einige gerade erst begonnen haben, die Grundfertigkeiten zu lernen, können andere bereits auf einem guten Weg zum kompetenten Umgang mit der Motivierenden Gesprächsführung sein.

▶ Es ist wichtig, die Videoausstattung im Voraus aufgebaut und eingeschaltet zu haben. Die Übungszeit ist wertvoll und nichts ist frustrierender, als sich mit technischen Schwierigkeiten zu beschäftigen, wenn man bereits die motivierenden Fertigkeiten trainieren könnte.

▶ Die bereitgestellten Fragen sind nur Vorschläge, die nach Bedarf ergänzt oder angepasst werden können.

► Wo die Zeit zu begrenzt ist, um jeden Teilnehmer die Rolle des Therapeuten / Beraters spielen zu lassen, stellen Sie sicher, dass jeder Teilnehmer zumindest einmal in die Rolle des Klienten / Patienten schlüpfen kann. Von dieser Rolle kann stark profitiert werden.

Einige Teilnehmer könnten sich unwohl fühlen, wenn sie gefilmt werden. Hier kann eine motivierende Fertigkeit eingesetzt werden: Entlocken Sie dem Teilnehmer die Vorteile davon, dass man sich selbst auf Video sieht. Prüfen Sie das Selbstvertrauen des Teilnehmers mit der »Ich kann«-Skala. Wenn diese mehr als 5 beträgt, wird sich der Teilnehmer wahrscheinlich doch auf Video sehen wollen.

Beobachten und beobachtet werden

Ein oder zwei kurze Feedbackpunkte, unterstützt durch Belege aus einer guten Beobachtung, sind nützlicher als die Videoaufnahme eines langen Gesprächsprozesses. Wie jedes motivierende Feedback wird es immer als hilfreiche Information angeboten, die aus der Beobachtung resultiert, und nie als Kritik. Für den Empfänger des Feedbacks kann diese Information sehr wertvoll sein.

Ein einfacher Beobachtungsleitfaden

Der einfach zu folgende Beobachtungsleitfaden auf AB 64 ist eine Gedächtnisstütze, die man bei der Beobachtung von Motivierender Gesprächsführung verwenden kann. Jedem Beobachter kann eine Kopie für jeden, der beobachtet wird, gegeben werden. Es hilft dem Beobachter, das beobachtete Gespräch in verschiedene Prozesse und Fertigkeiten aufzuteilen und die Auswirkungen jeder Komponente aufzuschreiben. Das Prinzip dahinter ist, dass man nur einige kurze Beobachtungsdetails selbst aufschreiben muss. Der Beobachtungsleitfaden kann dazu verwendet werden, bestimmte Beispiele der verwendeten Sprache, Körpersprache und Stimmlage sowie die Reaktion darauf zu notieren. Sie haben damit einige nützliche Hinweise, die Sie demjenigen, der die Rolle des Therapeuten / Beraters spielt, in der Feedbackrunde rückmelden können.

Weitere Punkte für die Beobachtung

Bestätigen, Unterschiede bewerten
► Wie weit wurde auf die speziellen Bedürfnisse dieser Person eingegangen?
► Welche positiven Aspekte wurden ausgedrückt?
► Wie ist der Klient darin bestärkt worden, sich gut in seiner Haut zu fühlen?

Zuhören
► Beobachten Sie sowohl die Körpersprache als auch den Gesprächsfluss. Was lässt Sie vermuten, dass der Therapeut / Berater gut zuhört?

Offene Fragen
► Welche offenen Fragen wurden gestellt und wie viel Offenheit haben sie ausgelöst?
► Welche Fragen waren für den Klienten besonders geeignet, um anders über sein Verhalten zu denken?
► Schreiben Sie auch einige geschlossene Fragen auf, wenn Sie welche herausgehört haben. Was war die Reaktion auf die geschlossenen Fragen? Wie könnte man diese in Zukunft anders formulieren?

Zusammenfassen und reflektierende Aussagen tätigen
► Je mehr Sie in der Motivationsarbeit fortschreiten, umso mehr werden sie die offenen Fragen durch reflektierende Aussagen ersetzen. Wie war die Ausgewogenheit zwischen Fragen und reflektierenden Aussagen?
► Wie war die Reaktion auf die verwendeten reflektierenden Aussagen?
► An welcher Stelle wäre es hilfreich gewesen, statt einer Frage eine reflektierende Aussage zu verwenden?

Selbstmotivierende Aussagen (Change-Talk)

▶ Welche selbstmotivierenden Aussagen wurden erarbeitet? Beispiele: »Das könnte ein Problem sein«, »Meine Freundin macht sich Sorgen über …«, »Ich mache mir Sorgen über…«, »Es könnte hilfreich sein…«, »Ich möchte mich ändern«, »Ich kann das schaffen«, »Ich werde das schaffen«.

▶ Wie stark ist der Commitment-Talk? Inwieweit nimmt er während des Gesprächs zu oder ab?

Auseinandersetzungen vermeiden, Rapport aufbauen

▶ Hören die Gesprächsanteile heraus, in denen der Therapeut / Berater versucht, den Klienten zur Notwendigkeit, sich zu ändern, zu überreden und die Antwort »Ja, aber …« ist. Wie könnte man anders reagieren?

▶ Beobachten Sie die Körpersprache, hören Sie auf die Stimmlage. Was gibt Ihnen das Gefühl, dass hier guter Rapport vorherrscht?

Motivationswaage

▶ Wie weit wurden Nachteil des aktuellen Verhaltens und Vorteile einer Verhaltensänderung herausgearbeitet?

▶ Inwiefern wurde den Vorteilen des aktuellen Verhaltens und den Nachteilen einer Verhaltensänderung zugehört?

▶ Wie kann dieses Vorgehen noch weiter entwickelt werden?

Diskrepanzen herausfinden

▶ Welche Diskrepanzen wurden zwischen langfristigen Zielen und dem aktuellen Verhalten festgestellt?

Eigenverantwortung und Glauben an sich selbst

▶ Inwiefern ist der Klient / Patient ermutigt worden, darüber nachzudenken, was er selbst tun könnte, um Schwierigkeiten zu vermeiden? Welche Fragen und Reflexionen helfen dabei, Vertrauen in die Fähigkeit zur Veränderung aufzubauen?

AB 64 /

Beobachtungsleitfaden

Fertigkeit	Beispiele aus der Beobachtung
Bestätigen / Unterschiede bewerten	
Zuhören	
Offene Fragen	
Zusammenfassen	
Selbstmotivierende Aussagen unterstützen	
Auseinandersetzungen vermeiden / Rapport aufbauen	
Motivationswaage	
Diskrepanzen herausstellen	
Eigenverantwortung und Glauben an sich selbst entwickeln	

AB 65 /

Wie man seine motivierenden Fertigkeiten entwickeln kann – Beispiele

(Diese Vorschläge können auf Ihre spezielle Situation angepasst werden)

Situation 1

▶ **Ablauf der Sitzungen festlegen und Vereinbarungen treffen**
Ziel: Rapport aufbauen, gemeinsames Vorgehen besprechen

Beschreibung der Situation

Jake ist gerade in Ihrer Praxis angekommen. Er hat Schwierigkeiten damit, komplexe Sprache zu lesen, zu schreiben und zu verstehen.

Gebrauchen Sie motivierende Fähigkeiten, um Rapport aufzubauen und arbeiten Sie seine und Ihre Vorstellungen und Verantwortlichkeiten für die Behandlung aus. Befassen Sie sich so viel wie möglich mit Jakes speziellen Bedürfnissen, indem Sie offene Fragen stellen und Ihr Verständnis spiegeln.

Sie sollten in diesem Gespräch weder eine Motivationswaage erstellen noch Diskrepanzen herausstellen. Sie sollten in Erfahrung bringen, inwiefern Jake verstanden hat, was Sie ihm anbieten können und was er gebeten wurde zu tun.

Eine »ideale« Gesprächsführung würde offene Fragen und aktives Zuhören beinhalten, Sie könnten Jake einige Informationen entlocken. Die Körpersprache wäre harmonisch.

AB 65

Wie man seine motivierenden Fertigkeiten entwickeln kann – Beispiele

Situation 2

▶ **Verhalten bewerten / einschätzen**

Ziel: Rapport aufbauen, Informationen bekommen, eine Arbeitsbeziehung aufbauen

Beschreibung der Situation

Sam ist gerade zur einer Begutachtung zur Einstellung notwendiger Maßnahmen an Ihre Praxis verwiesen worden. Er selbst denkt nicht, dass er ein Problem hat, andere haben ihn darauf hingewiesen. Wählen Sie einen Bereich zur Begutachtung, der Ihnen häufig in Ihrem Arbeitsalltag begegnet. Integrieren Sie motivierende Fähigkeiten in eine typische Gutachtenerstellung. Wenn unter den Standardfragen, die Sie stellen müssen, geschlossene Fragen sind, entscheiden Sie, wie Sie zunächst erklären und gestalten Sie die restliche Begutachtung eher offen.

Eine »ideale« Gesprächsführung wäre es, Auseinandersetzungen, »Ja, aber …« und direkte Konfrontation (z. B. »Sie haben ein Drogenproblem«) und Kollusion zu vermeiden. Stellen Sie offene Fragen wie »erzählen Sie mir davon…« und fassen Sie verständnisvoll zusammen.

AB 65 /

Wie man seine motivierenden Fertigkeiten entwickeln kann – Beispiele

Situation 3

▶ **Rassismus herausfordern, ohne zu konfrontieren**
   Ziel: gemeinsames Vorgehen besprechen

Beschreibung der Situation
Sie haben mitbekommen, dass einer Ihrer Mitarbeiter rassistische Witze in Gegenwart eines farbigen Klienten machte. Sie nehmen ihn beiseite genommen und besprechen es mit ihm.
Eine »ideale« Gesprächsführung würde Informationen gewinnen, offene Fragen und Spiegeln enthalten.
Zweifel können geweckt werden, ohne in Streit zu geraten oder jemanden vor den Kopf zu stoßen.

AB 65 /

Wie man seine motivierenden Fertigkeiten entwickeln kann – Beispiele

Situation 4

▶ **Veränderungsmotivation aufbauen**

Ziel: Bedenken gegenüber dem derzeitigen Verhalten aufdecken, Veränderungsmotivation entwickeln

Beschreibung der Situation

Jake beginnt einerseits Gründe zu finden, warum er seine Lese- und Schreibfähigkeiten verbessern möchte *(oder wählen Sie einen Bereich für Veränderungen, der für Ihre Beratung/Therapie relevant ist)*. Andererseits denkt er über verschiedene Gründe nach, diese Entscheidung aufzuschieben. Helfen Sie ihm, Gründe dafür zu finden, warum er sich ändern möchte oder so bleiben möchte, wie er ist.

Eine »ideale« Gesprächsführung wird die Motivationswaage einbeziehen, außerdem Zuhören, offene Fragen und das Entlocken selbstmotivierender Aussagen über die Veränderungsmotivation.

AB 65

Wie man seine motivierenden Fertigkeiten entwickeln kann – Beispiele

Situation 5

▶ **Hindernisse überwinden**
Ziel: Vertrauen entwickeln

Beschreibung der Situation

Maureen soll wegen Ihrer Drogenprobleme an einem Therapieprogramm in einer Klinik teilnehmen *(oder wählen Sie einen Bereich, der für Ihre Arbeit relevant ist)*. Sie führt eine Reihe von Gründen an, warum sie an dem Programm teilnehmen möchte, aber auch, warum sie Angst davor hat. Ihr Wunsch, daran teilzunehmen, scheint sehr groß zu sein, ihr Vertrauen in sich selbst jedoch sehr klein. Arbeiten Sie mit ihr aus, was genau ihre Ängste sind und welche Stärken und Ressourcen sie hat, um diese zu überwinden. Setzen Sie die »Ich kann«-Leiter (AB 42) ein, wenn es hilfreich ist. Betrachten Sie auch verschiedene Probleme und alle Hindernisse, die Maureen selbst nicht beeinflussen kann. Welche Möglichkeiten stehen zur Verfügung, um Schwierigkeiten zu überwinden? Ermitteln Sie diese, damit Maureen eine Veränderung in Erwägung ziehen kann.

Eine »ideale« Gesprächsführung enthält Zuhören, offene Fragen und Zusammenfassungen. Sie bewegt Maureen zu selbstmotivierenden Aussagen über Selbstvertrauen und Glauben an sich selbst. Sie können ihr auch helfen, dieses Vertrauen von etwas herzuleiten, mit dem sie in der Vergangenheit bereits erfolgreich war.

AB 65

Wie man seine motivierenden Fertigkeiten entwickeln kann – Beispiele

Situation 6

▶ **Motivierende Handlungsplanung**
   Ziel: einen durchführbaren Handlungsplan festlegen

Beschreibung der Situation

Fortsetzung von Situation 5. Maureen hat entschieden, dass sie aufhören will, Drogen zu nehmen. Helfen Sie ihr, einen Handlungsplan aufzustellen. Wer kann ihr helfen? Was sind die ersten Schritte? Die Verwendung der Arbeitsblätter 53 bis 58 kann dabei hilfreich sein.

Eine »ideale« Gesprächsführung wird zunächst die Motivation und das Vertrauen in eine Veränderung stärken, bevor es zur konkreten Handlungsplanung übergeht. Commitment-Talk sollte entlockt werden. Die verschiedenen Möglichkeiten, Handlungen zu planen, sollten von der Klientin selbst herausgefunden werden. Die Möglichkeit, für die sich die Klientin entscheidet, sollte konkret, messbar, erreichbar, für sie relevant und zeitlich begrenzt sein. Um den Handlungsplan direkt anzugehen, wird ein erster kleiner Schritt festgelegt.

AB 65 /

Wie man seine motivierenden Fertigkeiten entwickeln kann – Beispiele

Situation 7

▶ **Die Veränderung unterstützen**
   Ziel: neue Verhaltensweisen und Fähigkeiten entwickeln

Beschreibung der Situation
Maureen ist ihre Veränderung angegangen und zu einer Tante und einer Cousine gezogen, die sie beide in der Veränderung unterstützen. Sie hat eine Teilzeitanstellung auf einem örtlichen Bauernhof gefunden. Sie hat in den letzten vier Wochen einige Fortschritte gemacht. Besorgnis bereitet ihr, dass sich eine frühere Freundin mit ihr treffen will – sie hat Angst, dass diese ihr Drogen anbieten wird. Sie sagt, dass sie zu dem Treffen hingehen wird, es aber lieber nicht tun würde. Sie ist unsicher, wie sie »nein« sagen kann, sowohl zum Treffen selbst als auch zur Freundin, wenn sie ihr begegnet. Sprechen Sie mit ihr über die Möglichkeit, eine solche Situation in der Beratung bzw. Therapie zu simulieren und die Fähigkeit, »nein« zu sagen, so zu üben. Für weitere Hinweise schauen Sie sich noch einmal Kapitel 15 an.
Eine »ideale« Gesprächsführung würde Folgendes beinhalten: Zuhören, offen Fragen stellen, zusammenfassen, was man verstanden hat, Aussagen über den Glauben an sich selbst herauszuarbeiten, das neue Verhalten auf kleinere Teile herunterbrechen, mögliches Verhalten demonstrieren, motivierendes Feedback geben.

AB 65 /

Wie man seine motivierenden Fertigkeiten entwickeln kann – Beispiele

Situation 8

▶ **Auseinandersetzungen zwischen Klienten / Patienten**
Ziel: Eigenverantwortung entwickeln

Beschreibung der Situation
Ein Patient in der Klinik fängt Sie auf dem Korridor ab und beschwert sich über seinen Zimmergenossen, von dem er sagt, er sei schmutzig, rieche und sei laut. Er möchte, dass Sie die Situation klären und ihm ein eigenes Zimmer geben. *(Passen Sie diese Konfliktsituation bei Bedarf an eine Situation aus Ihrem Alltag an.)*
Eine »ideale« Gesprächsführung würde selbstmotivierende Aussagen des Patienten wie »Ich möchte …«, »Ich kann …« hervorrufen.

AB 65 /

Wie man seine motivierenden Fertigkeiten entwickeln kann – Beispiele

Situation 9

► **Gruppentherapie/-beratung (für Therapeuten / Berater, die auch mit Gruppen arbeiten)**
Ziel: Motivationsfähigkeiten in Gruppensitzungen einsetzen können

Beschreibung der Situation

Sie führen eine Gruppenarbeitssitzung durch. Craig kommt zu spät, ist sehr still, scheint nicht zu verstehen, worüber Sie reden und gibt nur einsilbige Antworten. (Andere Teilnehmer am Peer-Coaching können die Gruppenteilnehmer spielen.) Alle Gruppenmitglieder werden einbezogen. Wie können Sie Motivationsfähigkeit in dieser Gruppe einsetzen?

Bei einer »idealen« Gesprächsführung würden eine einfache Sprache gesprochen, offene Fragen gestellt, und, um das Verständnis festzustellen, reflektierende Aussagen eingesetzt. Es können sokratische offene Fragen verwendet werden (s. Kap. 12).

AB 65 /

Wie man seine motivierenden Fertigkeiten entwickeln kann – Beispiele

Situation 10

▶ **Rückfall**
Ziel: Selbstvertrauen und Veränderungsmotivation erneut aufbauen

Beschreibung der Situation
Carol hat bereits an vier Sitzungen eines Programms teilgenommen, um ihr Essverhalten zu stabilisieren. Sie haben bemerkt, dass sie in der letzten Woche müde und blass aussah. Sie sagt, dass sie in dieser Woche nicht am Programm teilnehmen möchte, da sie es nicht braucht. Setzen Sie Ihre motivierenden Fertigkeiten ein, hören Sie sich ihre Sorgen an, decken Sie Diskrepanzen zu langfristigen Zielen auf und beginnen Sie, Vertrauen aufzubauen. *(Passen Sie, wenn nötig, die Situation Ihrem Arbeitsalltag an.)*
Eine »ideale« Gesprächsführung beinhaltet das Darstellen von Stärken, Zuhören, Spiegeln und Bestätigen. Was sind die Vorteile einer Veränderung? Was hat in der Vergangenheit gut funktioniert?

AB 65 /

Wie man seine motivierenden Fertigkeiten entwickeln kann – Beispiele

Situation 11

▶ **Wiedereingliederung in die Gesellschaft: Loslassen**
  Ziel: das Netzwerk und die Ressourcen des Klienten für eine dauerhafte Veränderung stabilisieren

Beschreibung der Situation
Maureen hat ihren Drogenkonsum seit 18 Monaten unter Kontrolle. Es gab gelegentliche Rückfälle, aber insgesamt stetige Fortschritte. Helfen Sie ihr herauszuarbeiten, wie sie dieses Verhalten dauerhaft beibehält, ohne weiter in Ihre Praxis kommen zu müssen.
Eine »ideale« Gesprächsführung würde Folgendes beinhalten: Zuhören, den Fortschritt bestätigen, Hervorrufen von selbstmotivierenden Aussagen über das Vertrauen in sich selbst, Gespräche darüber, wer helfen kann und wie man potenzielle riskante Situationen überwindet.

16.3 Weitere Möglichkeiten, die eigenen Motivationsfähigkeiten zu entwickeln

Lesen
- ▶ Schauen Sie sich die Literaturliste am Ende dieses Buches an
- ▶ Durchstöbern Sie dieses Buch

Beachten Sie …
- ▶ … was Sie tun
- ▶ … die Reaktionen der Menschen, mit denen Sie arbeiten

Lassen Sie sich durch den Kopf gehen, …
- ▶ … was geschehen ist
- ▶ … was funktioniert hat und was Sie anders machen sollten

Versuchen Sie …
- ▶ … verschiedene Vorgehensweisen und notieren Sie die Ergebnisse
- ▶ … dadurch Ihr Repertoire an Vorgehensweise zu vergrößern

Lernen Sie von anderen
- ▶ Jeder Mensch ist einzigartig, und wir lernen von jedem einzelnen

Feedback erhalten …
- ▶ … von Klienten – wie haben sie Ihre Arbeit erfahren?
- ▶ … durch die Beobachtung von Kollegen
- ▶ … durch Verwendung des Beobachtungsleitfadens
- ▶ … durch Videoaufzeichnungen Ihrer Arbeit

Feedback an andere geben
- ▶ Die Beobachtung und das Feedback-Geben helfen sowohl demjenigen, der das Feedback gibt, als auch demjenigen, der es erhält

16.4 Wie Führungskräfte und Teamleiter zur Erhaltung und Entwicklung von motivierenden Fertigkeiten beitragen können

	▶ Verwenden Sie die motivierenden Fertigkeiten auch in Ihrer eigenen Praxis. ▶ Achten Sie auf Ihre Vorbildfunktion Ihren Mitarbeitern gegenüber.
	▶ Etablieren Sie Strukturen, die die motivierenden Fertigkeiten Ihrer Mitarbeiter unterstützen und bestätigen. ▶ Seien Sie sich bewusst, wie Sie die motivierenden Fertigkeiten einsetzen, um das Team zu stärken.

Motivationsfähigkeit ist eine essentielle Fähigkeit von Führungskräften und Teamleitern. Motivieren, Bestätigen und (Weiter-)Entwickeln von Mitarbeitern sind entscheidend für die Erbringung von Dienstleistungen. Motivierende Gesprächsführung funktioniert auch, wenn man den Sorgen der Mitarbeiter zuhört, Fragen klärt oder mit Konflikten umgeht.

Erfolgreiche Führungskräfte und Teamleiter müssen nicht über alle Kenntnisse und Fähigkeiten, die ihre Mitarbeiter haben, verfügen, aber mit Motivierender Gesprächsführung sind sie in der Lage, entsprechende Fertigkeiten zu demonstrieren, genauso wie den Mitarbeitern zu ermöglichen, diese einzusetzen.

16.5 Strukturen, die Motivationsfähigkeit unterstützen

Wenn Motivationsfertigkeiten als ganz in der Verantwortlichkeit des Therapeuten liegend angesehen werden oder als eine schnelle Lösung für verbesserte Therapieergebnisse, ist es unwahrscheinlich, dass sie funktionieren. Die Motivierende Gesprächsführung muss als Ansatz anerkannt und unterstützt werden, damit sie inmitten der Strukturen, der Abläufe, der professionellen Methoden und Übungspläne einer Organisation funktionieren kann.

Ergebnisse

Innerhalb eines Teams ist es hilfreich, wenn es ein klares, gemeinsames Verständnis dafür gibt, wann motivierende Ansätze wahrscheinlich wirksam sind und wie diese zu den erforderlichen Ergebnissen des Teams beitragen können. Das bedeutet vermutlich zusätzliche Arbeit bei den Meetings des Teams, besonders da, wo Motivationsfertigkeiten für einige etwas Neues sind.

Bei der Bildung und Entwicklung von motivierenden Fertigkeiten im Team ist Folgendes zu berücksichtigen:

▶ Supervision auf der Basis des Materials in Kapitel 11
▶ Team-Besprechungstage
▶ Arbeiten in Zweiergruppen mit einer Übereinstimmung, was Beobachtung und Feedback angeht
▶ Tage für Grundlagentraining
▶ Tage für spezielles Training
▶ Einsatz dieses Therapie-Tool-Bandes in Einzelarbeit oder in kleinen Gruppen

Team-Besprechungstage

Ein mögliches Modell für einen Team-Besprechungstag:

Sitzung 1: kurze Wiederholung eines Kapitels aus diesem Buch
Sitzung 2: Einsatz von Videos oder Beobachtungsberichten, Besprechung einer tatsächlichen Arbeitssituation von Teammitgliedern, mit Blick darauf, was gut war und was anders gemacht werden könnte
Sitzung 3: Diskussion über die Implikationen und das Erlernte
Sitzung 4: Erstellen eines Team-Handlungsplanes

Prioritäten

Die Zeit, die ein Team oder eine einzelne Person der Entwicklung ihrer Motivationsfertigkeiten widmen sollte, ist abhängig von der Wichtigkeit, die diese Fertigkeiten für das Teamergebnis haben. Wenn sie ein Teil der »Teamkultur« werden sollen, dann sollte man sich auf jeden Fall nachhaltig damit beschäftigen.

Wo soll es nun hingehen?

1 — Sammeln Sie Situationen, in denen Sie Motivationsfertigkeiten in Ihrer Rolle als Therapeut / Berater einsetzen werden.

----

2 — Was sind die Vorteile beim Einsatz der Motivierenden Gesprächsführung?

Die Vorteile für mich sind --

Die Vorteile für das Team / die Praxis sind -------------------------------------

----

Die Vorteile für den Klienten sind --

----

3 — Was könnten Hindernisse beim Einsatz der Fertigkeiten sein?

Wo soll es nun hingehen?

4 — Wie wollen Sie diese Hindernisse überwinden?

----

5 — Wer kann dabei noch helfen?

----

6 — Was wären mögliche nächste Schritte?

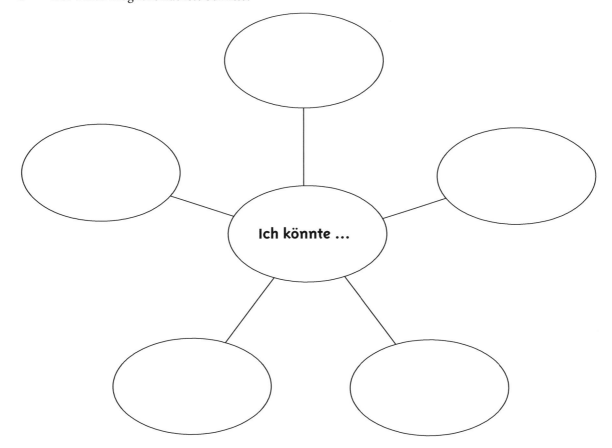

7 — Welche Möglichkeit wählen Sie als Ihren nächsten Schritt aus?
(Betrachten Sie die Vor- und Nachteile einiger Möglichkeiten, wenn es hilfreich ist.)

----

8 — Was genau werden Sie bis wann tun?

----

9 — Wie sicher sind Sie, dass die das tun werden?

0	1	2	3	4	5	6	7	8	9	10
nicht sicher										ganz sicher

16.6 Wege in eine Motivationskultur

Fertigkeiten zur Motivierenden Gesprächsführung sind wichtig innerhalb jeder Organisation und jedem Unternehmen, und zwar vom Mitarbeiter an der Rezeption bis hin zum Generaldirektor. Sie verbessern die Kommunikation, die Teamarbeit sowie Sinn und Zweck der gesamten Organisation. Sie sind nicht nur für den Einsatz bei Klienten sinnvoll. Nicht jedes Mitglied einer Organisation muss gleich Experte in Motivierender Gesprächsführung sein. Viele der Fertigkeiten können in alltägliche Gespräche einbezogen werden, um Missverständnisse zu vermeiden. Wenn Sie die Materialien dieses Buches verwenden, werden Sie sich vermutlich erstmals überhaupt Ihres Kommunikationsstils bewusst. Wenn Sie die Fertigkeiten weiter ausbauen, wird das Prinzip der Motivierenden Gesprächsführung ein Teil Ihres täglichen Lebens. Interaktionen, die früher einer Schlacht glichen, können so zu einem »Tanz« werden.

Der Motivationstanz

Der Tanz der Motivation

Wenden Sie sich Ihrem »Partner« zu und finden Sie heraus, wo er sich im Moment befindet (im Kreislauf der Veränderung)

Passen Sie sich an und spiegeln Sie, um Empathie aufzubauen

Gehen Sie alle Aspekte durch, die für oder gegen eine Veränderung sprechen (Motivationswaage)

Finden Sie die langfristigen
Ziele heraus

Bringen Sie ihn dazu, eine Veränderung in
Erwägung zu ziehen, indem Sie
Diskrepanzen entwickeln

Wenn er den Tanzstil wechselt,
wechseln Sie mit, treten Sie ihm
nicht auf die Füße

Er könnte an den Punkt einer
Entscheidung gelangen, und dann
wieder davon wegtanzen

Wiederholen Sie die Schritte der
Abwägung, ob er sich ändern möchte
oder nicht, wenn Ambivalenz über die
Entscheidung vorherrscht

Handlungsentscheidung – Helfen
Sie ihm über die Hindernisse

Ein Rückfall ist nur ein weiterer
Tanzschritt

Ermutigen Sie ihn, die Steuerung
zu übernehmen und bauen Sie
Selbstvertrauen in ihm auf

Danksagungen

Es gibt viele Menschen, denen wir gerne für ihre Hilfe und ihren Einfluss auf das Schreiben dieses Buches danken möchten.

William Miller und Stephen Rollnick für die Theorie und die Forschung zu einer effizienten Motivierenden Gesprächsführung.

Prochaska und DiClemente für ihre Ideen zum Kreislauf der Veränderung, der sich als nützlicher und leicht zugänglicher Rahmen für die motivierende Arbeit erwiesen hat.

James Sandham, der uns in die praktische Durchführung der Motivierenden Gesprächsführung in der Strafrechtspflege eingeführt hat.

Lin Taylor für ihre Ideen, ihre kreativen Auslegungen der Materialien und ihre jahrelange Unterstützung.

Linda Gast für die Aktualisierung des Kapitels »Influence and Integrity, A Practice Handbook for Pro-social Modelling« (Linda Gast & Phil Taylor, MPTC Birmingham, 2002). Material aus »The Trainer's Pack for Pro-social Modelling« der gleichen Autoren wurden hier außerdem verwendet. Der Dank geht an Linda und Phil für die Erlaubnis zur Veröffentlichung dieser Version.

Tudor Williams für die jahrelange Unterstützung unserer Arbeit und die Demonstrationen für motivierende Führungsarbeit.

Sally Cherry (Midlands Probation Training Consortium) und Mike Tennant (National Offender Management Services) für die Erlaubnis, aktualisiertes Material aus »Systematic Motivational Skills for Approved Premises« (Fuller, 2004) zu verwenden. An Sally geht ein Dank für ihre Hilfe bei der Entwicklung eines Mitarbeitertrainings in Motivierender Gesprächsführung.

Dave Thompson für seine lebendigen und angemessenen Illustrationen.

Sue Jenner für Ihre Rezensionen zu diesem Buch, die die Grundhaltung der Motivierenden Gesprächsführung in so vielen Interaktionen widerspiegeln. Ein Dank auch für ihre Hilfe bei der Entwicklung von Trainings in Motivierender Gesprächsführung, sowohl national wie auch international.

Die Trainer und Teilnehmer all unserer Kurse, ohne deren Beispiele für die praktische Anwendung des Ansatzes wir dieses Buch nicht hätten schreiben können.

Literatur

Amrhein, P., Miller, W., Yahne, C., Palmer, M. & Fulcher, L. (2003). Client commitment language during motivational interviewing predicts drug use outcomes. Journal of Consulting and Clinical Psychology, 71, 862–878.

Bailey, A. & Egan, G. (1999). Talk Works 2, How to get more out of life through better conversations. London: British Telecom.

Bandura, A. (1965). Influence of models reinforcement contingencies on the acquisition of imitative responses. Journal of Personality and Social Psychology, 1, 589–595.

Bandura, A. (1977). Social Learning Theory. Englewood Cliffs, NJ: Prentice-Hall.

Barrowclough, C., Haddock, G., Tarrier, N., Lewis, S.W., Moring, J., O'Brien, R., Schofield, N. & McGovern, J. (2001). Randomized controlled trial of motivational interviewing, cognitive behaviour therapy, and family intervention for patients with combined schizophrenia and substance use disorders. American Journal of Psychiatry, 158, 1706–1713.

Belcher, L., Kalichma, S., Topping, M., Smith, S., Emshoff, J., Norris, F. & Nurss, J. (1998). A randomised trial of a brief HIV risk reduction counselling intervention for women. Journal of Consulting and Clinical Psychology, 66, 856–861.

Deci, E.L. & Ryan, R.M. (1985). Intrinsic Motivation and Self-determination on Human Behaviour. New York: Plenum Press.

DiClemente, C.C. (2006). Addiction and Change. New York: Guildford Press.

Dilorio, C., Resnicow, K., McDonnell, M., Soet, J., McCarty, F. & Yeager, K. (2003). Using motivational interviewing to promote adherence to antiretroviral medications: A pilot study. Journal of the Association of Nurses in AIDS care, 14(2), 52–62.

Dowden, C. & Andrews, D.A. (2004). The importance of staff chracteristics in delivering effective correctional treatment: A meta-analytic review of core correctional practice. International Journal of Offender Therapy and Comparative Criminology, 48, 203–215.

Festinger, L. (1957). A Theory of Cognitive Dissonance. Evanston, IL: Row Peterson.

Gershoff, E.T. (2002). Corporate punishment by parents and associated child behaviours and experiences: A meta-analysis and theoretical review. Psychological Bulletin, 128, 539–579.

Gordon, T. (1970). Parent Effectiveness Training. New York, Wyden.

Harris, K.B. & Miller, W.R. (1990). Behavioural self-control training for problem drinkers: Components of efficacy. Psychology of Addictive Behaviours, 4, 82–90.

Harper, R. & Hardy, S. (2000). An evaluation of motivational interviewing as a method of intervention with clients in a probation setting. British Journal of Social Work, 30, 393–400.

Heather, N. Rollnick, S., Bell, A. & Richmond, R. (1996). Effects of brief counselling among male heavy drinkers identified on general hospital wards. DrugTherapy, 23, 325–334.

Hettema, J.E., Miller, W.R. & Steele, J.M. (2004). A meta-analysis of motivational interviewing techniques in the treatment of alcohol use disorders. Alcoholism-Clinical and Experimental Research, 28, 74A.

Hodgins, D.C., Currie, S.R. & el-Guebaly, N. (2001). Motivational enhancement and self-help treatments for problem gambling. Journal of Consulting and Clinical Psychology, 69, 50 – 57.

Honey, P. & Mumford, A. (1986). Using your Learning Style. Maidenhead: Honey Publications.

Janis, I.L. & Mann, L. (1977). Decision-making: A psychological analysis of conflict, choice and commitment. New York: Free Press.

Kear-Colwell, J. & Pollock, P. (1997). Motivation or confrontation: which approach to child sex offender? Criminal Justice and Behaviour, 24, 20 – 33.

Kempf, R., Kirov, G., Everitt, B., Hayward, P. and David, A. (1998). Randomised controlled trial of compliance theory: 18 month follow-up. British Journal of Psychiatry, 172, 413 – 419.

Kohn, A. (2000). Punished by Rewards: The Trouble with Gold Stars, Incentive Plans, A's, Praise and Other Bribes. New York: Houghton Mifflin.

Kolb, D. (1984). Experiential Learning. Englewood Cliffs, NJ: Prentice Hall.

Laborde, G.L. (1987). Influencing and Integrity. Syntony Publishing, Palo Alto, CA.

Leake, G.J. & King, A.S. (1977). Effect of counsellor expectation on alcoholic recovery. Alcohol, Health and Research Work, 11, 16 – 22.

Lipsey, M.W. (1992). Juvenile delinquency treatment; A meta-analytic inquiry into the variability of effects. In T. Cook, H. Cooper, D.S. Cordray, H. Hartmann, L.V. Hedges, R.J. Light, T.A. Louise and F. Mostellerl (Eds) Meta-analysis for Explanation: A Casebook. New York: Russell Sage Foundation.

Luborsky, L., McLellan, A.T., Woody, G.E., O'Brien, C.P. & Auerbach, A. (1985). Therapist success and its determinants. Archives of General Psychiatry, 42, 602 – 611.

Luft, J. (1970). Group Process, 2nd edn. Palo Alto, CA: Press Books.

Mann, R.E. & Rollnick, S. (1996). Motivational interviewing with a sex offender who believed he was innocent. Behavioural and Cognitive Psychotherapy, 24, 127 – 134

Mehrabian, A. (1972). Non verbal Communication Chicago, IL: Aldine Atherstone.

Mckee, D. (1980). Not now Bernard. London: Red Fox.

Miller, W.R. (Ed.) (1980). The Addictive Behaviours: Treatment of Alcoholism, Drug Abuse, Smoking, and Obesity. New York: Pergamon Press.

Miller, W.R. & Rollnick, S. (1991). Motivational Interviewing – Preparing People to Change Addictive Behaviour. New York: Gulidford Press.

Miller, W.R. & Rollnick, S. (2002). Motivational Interviewing – Preparing People to Change (2nd edn). New York: Gulidford Press.

Miller, W.R., Benefield, R.G. & Tonigan, J.S. (1993). Enhancing motivation for change in problem drinking: A controlled comparison of two therapist styles. Journal of Consulting and Clinical Psychology, 61, 455 – 461.

Miller, W.R., Yahne, C.E. & Tonigan, J.S. (2003). Motivational interviewing in drug abuse services: A randomized trial. Journal of Consulting and Clinical Psychology, 71(4), 754–763.

Monti, P.M. et al (1999). Brief intervention for harm reduction with alcohol-positive older adolescents in a hospital emergency department. Journal of Consulting and Clinical Psychology, 67(6), 989–994.

Pascal, B. (1960). Oeuvres Complètes. Paris: Seuil.

Prochaska, J. & Di Clemente, C.C. (1982). Trans-theoretical therapy; towards a more integrative model of change. Psychotherapy; Theory, Research and Practice, 19, 276–288.

Project MATCH Research Group (1997). Project MATCH secondary a priori hypotheses. Addiction, 92, 1671–1698.

Resnicow, K., Dilorio, C., Soet, J., Borelli, B., Hecht, J. & Ernst D. (2002). Motivational interviewing in health promotion: it sounds like someting is changing. Health Psychology, 21(5), 444–451.

Roberts, C. (2003). The emerging what works evidence and its implications for practice in the National Probation Service, National Probation Service What Works Conference 2003 pack. A whole service approach to delivering intervention 8–10 December, Nottingham.

Rogers, C.R. (1951). Client Centered Therapy, Boston, MA: Houghton-Mifflin.

Rollnick, S. (2003). Motivational interviewing, National Probation Service What Works Conference Pack. A whole service approach to delivering intervention, 8–10 December, Nottingham.

Rosenthal, R. & Jacobson, L. (1992). Pygmalion in the Classroom: Teacher expectation and pupils' intellectual development. New York: Irvington.

Sellman, J.D., Sullivan, P.F., Dore, G.M., Adamson, S.J. & MacEyouan, I. (2001). A randomized controlled trial of motivational enhancement therapy (MET) for mild to moderate alcohol dependence. Journal of Studies on Alcohol, 62, 389–396.

Sheldon, B. (1995). Cognitive Behavioural Therapy. London: Routlege.

Tannen, D. (1992). You Just don't Understand: Men and women in conversation. London: Virago.

Treasure, J. & Ward, A. (1997). A practical guide to the use of motivational interviewing in anorexia nervosa. European Eating Disorders Review, 5, 102–114.

Trotter, C. (1999). Working with Involuntary Clients: A guide to practice. London: Sage.

West, C. (1990). Not just ›doctors‹ orders': directive-response sequences in patients' visits to women and men physicians. Discourse and Society, 1(1), 85–112.

Woollard, J., Beilin, L., Lord, T., Puddey, I., MacAdam, D. & Rouse, I. (1995). A control trial of nurse counselling on lifestyle change for hypertensives treated in general practice: preliminary results. Clinical and Experimental Pharmacology and Physiology, 22(6–7), 466–468.

Abhängigkeiten erfolgreich behandeln

Motivational Interviewing auf einen Blick

Ralf Demmel
Poster Motivational Interviewing
Prozesse auf einen Blick. Poster in
Flipchart-Größe und Arbeitsblätter in der
Sammelmappe.
2017. Format Poster: 68 x 99 cm
ISBN 978-3-621-28543-8

Motivational Interviewing ist ein direktives und patientenzentriertes Verfahren, das den gleichberechtigten Dialog über Veränderung in den Fokus des Gesprächs rückt, um die intrinsische Motivation des Patienten zu wecken.

Das Poster unterstützt den Austausch über anstehende Aufgaben und Herausforderungen im Verlauf einer Beratung oder Therapie. Es kann an der Praxiswand oder auf dem Flipchart-Ständer zum festen Bestandteil der therapeutischen Arbeit werden und sowohl im Rahmen der Psychoedukation als auch im therapeutischen Prozess optimal genutzt werden.

In der Sammelmappe finden sich neben dem Poster ein kurzer Überblick über zentrale Konzepte, Handlungsempfehlungen und konkrete Formulierungshilfen für den Therapeuten sowie Informations- und Arbeitsblätter zu den Themen:
• Motivation
• Affirmation
• Vorbehalte
• DON'Ts

Verlagsgruppe Beltz • Postfach 100154 • 69441 Weinheim • www.beltz.de